Raj II

I dvanaest vrata, dvanaest zrna bisera;
svaka vrata behu od jednog zrna bisera.
I ulice gradske behu zlato čisto,
kao staklo presvijetlo.
(Otkrivenje Jovanovo 21:21)

Raj II

Ispunjuen Božjom Slavom

Dr. Džerok Li

Raj II od dr. Džeroka Li (Dr. Jaerock Lee) Objavile
Urim knjige (Predstavnik: Seongnam Vin)
73, Yeouidaebang-ro 22-gil, Dongjak-gu, Seul, Koreja
www.urimbooks.com

Autorska prava © 2017 od strane dr. Džeroka Lija.
ISBN: 979-11-263-0316-8 04230
ISBN: 979-11-263-0133-1 (set)
Prevodilačka Autorska Prava © 2012, dr. Esther K. Chung. Korišćeno uz dozvolu.

Prethodno objavila na korejskom jeziku Urim knjige u 2002.g.

Prvo izdanje, maj 2017.

Uredio dr. Geumsun Vin
Dizajnirao Urednički biro Urim Books
Štampa Prione Printing
Za više informacija kontaktirati: urimbook@hotmail.com.

Predgovor

Moleći se da postanete Božje iskreno dijete i da dijelite iskrenu ljubav u vječnoj sreći i radosti u Novom Jerusalimu, gdje je ljubav Božja u izobilju...

Dajem svu zahvalnost i slavu Bogu Ocu, koji mi je jasno otkrio život na nebu, i blagoslovio nas da objavimo *Raj I: Čisto i Divno kao Kristal,* i sada *Raj II: Ispunjuen Božjom Slavom.*

Žudio sam da saznam o nebu do detalja, i istrajao sam sa molitvama i postom. Nakon sedam godina, Bog je konačno odgovorio na moje molitve i danas, On otkriva dublje tajne o duhovnom kraljevstvu.

U prvom od dvodjelnog serijala *Raja,* ja sam ukratko predstavio različita mjesta boravka na nebu, svrstavajući ih u Raj, Prvo kraljevstvo, Drugo kraljevstvo, Treće kraljevstvo i Novi Jerusalim. Drugi će mnogo detaljnije istražiti najljepše i najdivnije mjesto boravka od svih u okviru neba, Novi Jerusalim.

Bog ljubavi je pokazao Novi Jerusalim apostolu Jovanu i dozvolio mu je da ga zapiše u Bibliji. Danas, kako je Gospodov povratak sve bliži, Bog proliva Sveti Duh na bezbroj ljudi i otkriva nebo do najsitnijeg detalja. Ovo je kako bi nevjernici širom svijeta počeli da vjeruju u zagrobni život koji se sastoji od neba i pakla, i da će oni koji priznaju svoje vjerovanje u Hrista voditi pobjednički život u Njemu i nastojati da šire Jevanđelije širom zemaljske kugle.

Zbog toga je apostol Pavle, koji je bio zadužen za širenje Jevanđelja neznabošcima, savjetovao svog duhovnog sina Timotija, govoreći mu: „*A ti budi trezan u svačemu, trpi zlo, učini djelo jevanđelista, službu svoju svrši*" (2. Timoteju Poslanica 4:5).

Bog mi je jesno otkrio nebo i pakao kako bih mogao da na sve četiri strane svijeta širim objašnjenje o dobu koje će doći. Bog želi da svi ljudi prime spasenje; On ne želi da vidi da čak ni jedna jedina duša padne u pakao. Šta više, Big želi da što više je moguće ljudi uđu i vječno žive u Novom Jerusalimu.

Dakle, niko ne treba da osuđuje ili da sudi ove Bogom date poruke otkrivene kroz inspiraciju Svetog Duha.

U *Raju II* ćete naći veliki broj tajni koje se tiču neba, kao što je pojavljivanje Boga koji je postojao od prije početka vremena, prijesto Božji, i slično. Vjerujem da će takvi detalji i objašnjenja obezbjediti nevjerovatnu količinu radosti i sreće svim onim ljudima koji iskreno žude za nebom.

Grad Novi Jerusalim, koji je izgrađen neizmjernom ljubavlju i nevjerovatnom moći Božjom, ispunjen je Njegovom slavom. U Novom Jerusalimu su duhovni vrhunac na kome je Bog sebe formirao u Trojstvo kako bi mogao da sprovede ljudsku kultivaciju, i pravi prijesto Božji. Da li možete da zamislite koliko će veličanstveno, lijepo i svjetlo cijelo mjesto biti? To je tako fantastično i sveto mjesto koje nikakva ljudska mudrost ne može da dokuči!

Zato morate da shvatite da Novi Jerusalim nije nagrada svima onima koji dobiju spasenje. Umjesto toga, on je dat samo Božjoj djeci čija su srca, nakon što su bila kultivisana na ovoj zemlji duže vrijeme, postala čista i jasna kao kristal.

Posebno se zahvaljujem Geumsun Vin, direktorki i osoblju Izdavačkog biroa, i Prevodilačkom birou na ovom izdanju.

Blagoslovim u ime Gospodovo da ko god čita ovu knjigu može da postane Božje iskreno dijete i djeli iskrenu ljubav u vječnoj radosti i sreći u Novom Jerusalimu koji je ispunjen Božjom slavom!

Džerok Li

Uvod

Nadam se da možete biti blagosloveni pošto do najlucidnijeg detalja saznate o Novom Jerusalimu, i živite u vječnosti što bliže prijestolju Božjem na nebu...

Dajem svu zahvalnost i slavu Bogu, koji nas je blagoslovio da objavimo *Raj I: Čisto i Divno kao Kristal* i sada njegov nastavak *Raj II: Ispunjuen Božjom Slavom.*

Ova knjiga sadrži devet poglavlja, a svako od njih predstavlja jasan opis najsvetijeg i najljepšeg mjesta boravka na nebu, Novog Jerusalima, u pogledu njegove veličine, sjaja i života u njemu.

Poglavlje 1, „Novi Jerusalim: Ispunjuen Božjom slavom," daje pregled Novog Jerusalima i objašnjava takve tajne kao što je Božji prijesto i vrhunac duhovnog kraljevstva, na kome je Bog Sebe stvorio u Trojstvo.

Poglavlje 2, „Imena dvanaest plemena i dvanaest apostola,"

objašnjava spoljni izgled grada Novog Jerusalima. On je okružen visokim i ogromnim zidovima, i imena dvanaest plemena Izraela su zapisana na dvanaest gradskih kapija na sve četiri strane. Na dvanaest temelja grada su imena dvanaest apostola, i razlog i značenje svakog zapisa će biti razjašnjeni.

U Poglavlju 3, „Veličina Novog Jerusalima," vi ćete otkriti izgled i dimenziju Novog Jerusalima. Poglavlje objašnjava zašto Bog mjeri veličinu Novog Jerusalima zlatnom trskom, kao i to da čovjek, da bi ušao i boravio u ovom Gradu, mora da posjeduje sve prikladne duhovne kivalifikacije, mjerene zlatnom trskom.

Poglavlje 4, „Napravljen od čistog zlata i dragulja svih boja," istražuje do detalja svaki materijal sa kojim je Novi Jerusalim izgrađen. Cijeli grad je dekorisan čistim zlatom i drugim dragim kamenjem, i poglavlje opisuje ljepotu njihovih boja, sjaja i svjetlosti. Šta više, objašnjavajući razlog zašto je Bog ukrasio zidove grada jaspisom (jasper) i cio Novi Jerusalim čistim zlatom koje je providno kao staklo, poglavlje takođe raspravlja važnost duhovne vjere.

U Poglavlju 5, „Značaj dvanaest temelja" vi ćete naučiti o zidovima Novog Jerusalima, izgrađenim na dvanaest temelja, i ljepotu i duhovno značenje jaspera, safira, kalcedona; smaragda, sardoniksa; sardiusa, hrizolita, berila, topaza, hrizoprasa, cirkona, i ametista. Kada saberete duhovni značaj svakog od ovih dvanaest dragih kamenova, vi ćete primjetiti srce Isusa Hrista i srce Božje. Poglavlje vas ohrabruje da ispunite srca prikazana sa dvanaest dragih kamenova kako bi mogli da uđete u vječno boravite u gradu Novom Jerusalimu.

Poglavlje 6, „Dvanaest bisernih kapija i zlatni put," objašnjava razloge i duhovni značaj Božjeg stvaranja dvanaest bisernih kapija, kao i duhovno značenje zlatnog puta providnog kao staklo. Baš kao što školjka proizvodi dragoceni biser nakon što istrpi veliki bol, ovo poglavlje vas ohrabruje da trčite ka Dvanast bisernih kapija Novog Jerusalima prevazilaženjem svih vrsta poteškoća i iskušenja u vjeri i sa nadom.

Poglavlje 7, „Čarobni prizor," vodi vas unutar zidina grada Novog Jerusalima koji je uvijek jasno osvjetljen. Vi ćete naučiti duhovni značaj izraza: „Bog i Jagnje su njegov hram," veličinu i ljepotu zamka u kome Gospod boravi, i slavu ljudi koji će ući u Novi Jerusalim da provedu vječnost sa Gospodom.

Poglavlje 8, „Vidio sam Sveti grad, Novi Jerusalim," predstavlja vam kuću pojedinca, među mnogima koji su proživjeli vjerne i posvećene živote na zemlji, koji će dobiti velike nagrade na nebu. Vi ćete moći da bacite pogled na predstojeće srećne dane u Novom Jerusalimu čitajući o raznim veličinama i sjaju nebeskih kuća, mnogim vrstama objekata, i cjelokupnom životu na nebu.

Deveto i poslednje Poglavlje, „Prvi banket u Novom Jerusalimu," vodi vas do scjene prvog banketa koje će biti održan u Novom Jerusalimu nakon Suda Velikog Belog Prijestolja. Sa predstavljanjem nekih od praočeva vjere koji borave blizu Božjeg prijestolja, *Raj II* zaključuje blagoslovom svakog čitaoca da ima srce koje je čisto i divno kao kristal kako bi on/ona mogli da žive bliže Božjem prijestolju u Novom Jerusalimu.

Što više učite o nebu, ono postaje sve čudesnije. Novi Jerusalim, koji može da se smatra „središtem" neba, je mjesto gdje ćete naći Božji prijesto. Ako znate o ljepoti i slavi Novog

Jerusalima, vi ćete sigurno i iskreno da se nadate za nebo i bićete načisto o životu u Hristu.

Kako je vrijeme Isusovog povratka nevjerovatno blizu danas, a prije toga On će završiti sa pripremanjem mjesta boravka za nas, ja se nadam da ćete sa *Rajem II: Ispunjuen Božjom Slavom* i vi biti spremni za vječni život.

Ja se molim u ime Gospoda Isusa Hrista da ćete vi moći da boravite blizu Božjeg prijestolja tako što ćete ispuniti sebe žarkom nadom za život u Novom Jerusalimu i biti vjerni u svim Bogom danim dužnostima.

Geumsun Vin,
Direktorka izdavačkog biroa

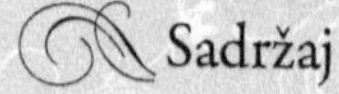 # Sadržaj

Poglavlje 1

Novi Jerusalim:
Ispunjuen Božjom slavom

1. U Novom Jerusalimu je Božji prijesto

2. Pravi Božji prijesto

3. Nevjesta Jagnjetova

4. Sjajan kao svijetlo drago kamenje i čist kao kristal

„I odvede me u duhu
na goru veliku i visoku,
i pokaza mi grad veliki, sveti Jerusalim,
gdje silazi s neba od Boga,
i imaše slavu Božiju.
I svijetlost njegova beše kao dragi kamen,
kao kamen jaspis svijetli. "

- Otkrivenje Jovanovo 21:10-11 -

Nebo je kraljevstvo u četvorodimenzionalnom svijetu, kojim vlada Bog ljubavi i pravde Lično. Čak iako nije vidljivo golim okom, nebo zasigurno postoji. Koliko će sreća, radost, zahvalnost i slava perplavljivati nebo, pošto je to najljepši dar koji je Bog pripremio za Njegovu djecu koja su primila spasenje?

Ipak, ima različita mjesta boravka na nebu. Tamo je Novi Jerusalim u kome je Božji prijesto, a tu je i Raj gdje će jedva spašeni ljudi vječno da ostanu. Baš kao što se život u kolibi i život u kraljevskom zamku znatno razlikuju čak i na ovoj zemlji, postoji velika razlika u slavi između ulaska u Raj i ulaska u Novi Jerusalim.

Uprkos tome, neki vjernici smatraju „nebo" i „Novi Jerusalim" istim, i čak neki od njih i ne znaju da postoji Novi Jerusalim. Koliko je to žalosno! Nije lako posjedovati nebo čak iako znate o njemu. Kako, onda, pojedinac može stići do Novog Jerusalima ako ne zna za njega?

Zato je Bog otkrio Novi Jerusalim apostolu Jovanu i dozvolio mu da piše o njemu do detalja u Bibliji. Otkrivenje Jovanovo dubinski objašnjava Novi Jerusalim, i Jovan je bio dirnut samo posmatranjem njegove spoljašnosti.

On je priznao u Otkrivenju Jovanovom 21:10-11: „*I odvede me u duhu na goru veliku i visoku, i pokaza mi grad veliki, sveti Jerusalim, gdje silazi s neba od Boga, i imaše slavu Božiju. I svijetlost njegova beše kao dragi kamen, kao kamen jaspis svijetli.*"

Zašto je, onda, Novi Jerusalim ispunjen Božjom slavom?

1. U Novom Jerusalimu je Božji prijesto

U Novom Jerusalimu je prijesto Božji. Kolikom će Božjom slavom Novi Jerusalim biti ispunjen pošto Bog Lično boravi u njemu?

Zbog toga možete da vidite ljude koji daju slavu, zahvalnost i poštovanje Bogu dan i noć u Otkrivenju Jovanovom 4-8: „*I svaka od četiri životinje imaše po šest krila naokolo, i unutra puna očiju, i mira ne imaju dan i noć govoreći: 'Svet, svet, svet Gospod Bog Svedržitelj, koji beše, i koji jeste, i koji će doći.'*"

Novi Jerusalim je takođe nazvan „Svetim gradom" zato što je napravljen iznova sa Riječju Božjom, koji je iskren, bezgriješan, i sama svjetlost bez imalo tame koja bi se našla u Njemu.

Jerusalim je mjesto gdje je Isus, koji je došao u tijelu da otvori put spasenja za ljudsku rasu, propovjedao Jevanđelje i ljubavlju ispunio Zakon. Zato, Bog je izgradio Novi Jerusalim za sve vjernike koji su ispunili Zakon sa ljubavlju da ostanu.

Božji prijesto u centru Novog Jerusalima

Onda, gdje je u Novom Jerusalimu Božji prijesto? Odgovor nam je otkriven u Otkrivenju Jovanovom 22:3-4:

> *I više neće biti nikakve prokletinje; i prijesto Božji i Jagnjetov biće u njemu; i sluge Njegove posluživaće Ga; I gledaće lice Njegovo, i ime Njegovo biće na čelima njihovim.*

Prijesto Božji je smješten u centru Novog Jerusalima, i samo oni koji se povinuju Riječi Božjoj kao pokorni sluga mogu da uđu tamo i da vide lice Božje.

Zato nam je Bog rekao u Poslanici Jevrejima 12:14: „*Mir imajte i svetinju sa svima; bez ovog niko neće vidjeti Gospoda,*" i u Jevanđelju po Mateju 5:8: „*Blago onima koji su čistog srca, jer će Boga vidjeti.*" Zbog toga, vi bi trebalo da shvatite da ne može svako da uđe u Novi Jerusalim koji udomljuje Božji prijesto.

Kako Božji prijesto izgleda? Neki možda misle da izgleda tek kao jedna velika stolica, ali nije tako. U užem smislu, ono stoji kao sjedište gdje Bog sjedi, ali u širem smislu, to se odnosi na boravišno mjesto Boga.

Dakle, „Božji prijesto" se odnosi na mjesto boravka Boga, a oko Njergovog prijestola u centru Novog Jerusalima, su duge i prijestoli dvadeset četiri starješina.

Duge i prijestoli dvadeset četiri starješina

Vi možete da osjetite ljepotu, veličanstvenost i veličinu Božjeg prijestola u Otkrivenju Jovanovom 4:3-6:

I Onaj što seđaše beše po viđenju kao kamen jaspis i sard; i oko prijestolja beše duga po viđenju kao smaragd. I oko prijestolja behu dvadeset i četiri prijestolja; i na prijestolima vidjeh dvadeset i četiri starješine gdje sjede, obučene u bijele haljine, i imahu krune zlatne na glavama svojim. I od prijestolja izlažahu munje i gromovi i glasovi. I sedam žižaka ognjenih gorahu pred prijestolom, koje su sedam duhova Božjih. I pred prijestolom beše stakleno more, kao kristal; i nasred prijestola i oko prijestola četiri životinje, pune očiju spred i sastrag.

Mnogi anđeli i nebeska vojska služe Bogu. Ima i mnogo drugih duhovnih bića kao što su heruvimi i četiri živa bića koja čuvaju Njega.

Takođe, stakleno more se širi ispred prijestolja Božjeg. Pogled na njega je tako lijep, sa raznim svjetlima koja okružuju prijesto Božji i reflektuju se na staklenom moru.

Kako dvadeset četiri starješine okružuju Božji prijesto? Dvanaest od njih su locirani iza Gospoda, a drugih dvanaest su iza Svetog Duha. Ove dvadeset četiri starješine su posvećeni pojedinci i imaju pravo da svjedoče pred Bogom.

Prijesto Božji je tako lijep, veličanstven i veliki van svake ljudske zamisli.

2. Pravi Božji prijesto

Djela Apostolska 7:55-56 pripovjedaju da je Stefan vidio prijesto Jagnjetov na desnoj strani Božjeg prijestolja:

„A Stefan budući pun Duha Svetog pogleda na nebo i vide slavu Božju i Isusa gdje stoji s desne strane Bogu; I reče: Evo vidim nebesa otvorena i Sina čovječjeg gdje stoji s desne strane Bogu. "

Stefan je postao mučenik time što je bio kamenovan dok je smjelo propovjedao Isusa Hrista. Baš pred smrt Stefanovu, njegove duhovne oči su se otvorile i on je mogao da vidi Gospoda kako stoji sa desne strane Božjeg prijestola. Gospod nije mogao da mirno sjedi znajući da će Stefana uskoro načiniti mučenikom Jevreji koji su slišali njegovu poruku. Tako je Gospod ustao sa Svog prijestolja i prolio suze gledajući Stefana kamenovanog do smrti, i Stefan je vidio ovu scenu svojim otvorenim duhovnim očima.

Isto tako, Stefan je vidio Božji prijesto gdje Bog i Gospod borave, a vi treba da shvatite da je ovaj prijesto drugačiji od onog koji je apostol Jovan vidio u Novom Jerusalimu. Prijesto Božji koji je Stefan video je pravi prijesto Božji.

U prošlosti, kada bi kralj napustio svoju palatu da zađe zemljom i među narod, njegovi ljudi bi sagradili mjesto koje je ličilo na kraljevsku palatu gdje bi privremeno boravio. Na isti način, Božji prijesto u Novom Jerusalimu nije prijesto gdje Bog obično ostaje, već tu On boravi malo vremena.

Pravi prijesto Božji na početku

Bog je postojao sam, obuhvatao je cijeli univerzum prije samog početka vremena (Izlazak 3:14, Jevanđelje po Jovanu 1:1, Otkrivenje Jovanovo 22:13). Univerzum tada nije bio isti kao što ga vidimo sada našim očima, već je bilo jedno jedinstveno mjesto prije podjele na duhovni i fizički svijet. Bog je postojao kao svjetlost i obasjavao je cijeli univerzum.

On nije bio samo zrak svjetlosti, već je postojao kao takve sjajne, lijepe svjetlosti koje su bile kao rijeka vode koja nosi boje duge. Ovo možete da razumijete bolje ako mislite o polarnoj svjetlosti na Sjevernom polu. Polarna svjetlost je grupa svjetlosti različitih boja koje se šire kao zavesa, i kaže se da je prizor tako lijep da ko god ga vidi jednom nikada ne može da zaboravi njegovu ljepotu.

Onda, koliko će ljepša bitri svjetlost Boga-koji je sama svjetlost, i kako ćemo da opišemo raskoš toliko različitih pomješanih boja?

Zato je rečeno u 1 Jovanovoj Poslanici 1-5: „*I ovo je obećanje koje čusmo od Njega i javljamo vama, da je Bog vidjelo, i tame u Njemu nema nikakve.*" Razlog iz koga je rečeno da je „Bog svjetlost" nije samo da bi izrazili duhovno značenje da Bog nema nimalo tame, već da opišemo izgled Boga koji je postojao kao svjetlost prije početka.

Baš ovaj Bog, koji je prije početka vremena postojao sam kao svjetlost u univerzumu, bio je ispunjen glasom. Bog je postojao kao svjetlost ispunjena glasom, i ovaj glas je „Riječ" koju Jovan u Jevanđelju 1:1 spominje: „*U početku beše Riječ, i Riječ beše u Boga, i Bog beše Riječ.*"

U prostoru gdje je Bog postojao kao svjetlost sa glasom kao zvonjava, postoje odvojena mjesta za Oca, Sina i Svetogt Duha gdje mogu pojedinačno da borave i odmaraju. U području gdje je pravi Božji prijesto na prostoru početka, ima mjesta za odmor, sobe za razgovore, i takođe putića za šetnju.

Pristup ovom mjestu je dozvoljen samo baš posebnim anđelima i onima čija srca sliče Božjem srcu. Ovo mjesto je odvojeno, misteriozno i bezbjedno. Šta više, ovo mjesto koje udomljava prijesto Boga Trojedinog je smješteno u prostoru gdje je Bog postojao sam na početku, i to je na četvrtom nebu, odvojeno od Novog Jerusalima na trećem nebu.

3. Nevjesta Jagnjetova

Bog želi da se svi ljudi sliče Njegovom srcu i uđu u Novi Jerusalim. Međutim, On je ipak pokazao svoju milost onima koji nisu ispunili ovaj nivo posvećenja kroz ljudsku kultivaciju. On je podjelio nebesko kraljevstvo na mnoga mjesta boravka od Raja do Prvog, Drugog, i Trećeg kraljevstva nebeska i nagrađuje Svoju djecu shodno sa onime šta su učinila.

Bog daje Novi Jerusalim Svojoj iskrenoj djeci koja su potpuno posvećena i bila su vjerna u cijeloj Njegovoj kući. On je izgradio Novi Jerusalim za uspomenu na Jerusalim, temelj jevanđelja, i kao novi sud da sadrži sve o tome da su ispunili zakon sa ljubavlju.

Možemo da pročitamo u Otkrivenju Jovanovom 21:2 da je Bog pripremio Novi Jerusalim tako lijepo da Grad podsjeća Jovana na mladu divno uljepšanu za mladoženju:

I ja vidjeh grad sveti, Jerusalim nov, gdje silazi od Boga s neba, pripravljen kao nevjesta ukrašena mužu svom.

Novi Jerusalim je kao lijepo ukrašena mlada

Bog priprema predivna mjesta boravka na nebu za mlade Gospodove koje, čišćenjem svojih srca od grijehova, sebe lijepo pripremaju da prime duhovnog mladoženju Gospoda Isusa. Najljepše mjesto među ovim vječnim mjestima boravka je grad Novi Jerusalim.

Zbog toga Otkrivenje Jovanovo 21:9 opisuje grad Novi Jerusalim, koji je najljepše ukrašen za Gospodove nevjeste, kao

„Mlada, žena Jagnjeta. "

Koliko zanosan će Novi Jerusalim biti pošto je to najljepši poklon za mlade Gospodnje koji je Bog ljubavi pripremio za Lično? Ljudi će biti toliko mnogo dirnuti kada uđu u svoje kuće, koje je Bog izgradio i brinuo o njima svojom ljubavlju i delikatnom, djetaljnom brigom. To je zato što Bog pravi svaku kuću da savršeno odgovara ukusu vlasnika.

Mlada služi svog mladoženju i priprema mu mjesto za odmaranje. Na isti način, kuće u Novom Jerusalimu služe i primaju mlade Gospodnje. Mjesto je toliko udobno i bezbjedno da su ljudi ispunjeni srećom i radošću.

Na ovoj zemlji, bez obzira koliko dobro supruga služi svog muža, ona ne može da da savršeni mir i radost. Međutim, kuće u Novom Jerusalimu mogu da daju mir i radost koje ljudi ne mogu da iskuse na ovoj zemlji zato što su te kuće napravljene kako bi savršeno zadovoljile ukus svog vlasnika. Kuće su napravljene lijepo i veličanstveno u skladu sa vlasnikovim ukusom zato što su one za ljude čija srca liče Božjem srcu. Koliko čudesno i brilijantno će to biti pošto je Gospod zadužen za izgradnju?

Ako iskreno vjerujete u nebo, vi ćete biti srećni samo ako pomislite na toliko mnogo anđela koji grade nebeske kuće sa zlatom i dragim kamenjem prateći Božji zakon koji nagrađuje svakog pojedinaca u skladu sa onim šta je učinio.

Da li možete da zamislite koliko srećniji i radosniji će biti život u Novom Jerusalimu, koji vas služi i grli kao žena?

Nebeske kuće su ukrašene u skladu sa djelima pojedinaca

Nebeske kuće su počele da se izgrađuju još od kada je naš Gospod uskrsnuo i uspeo se na nebo, i one se grade čak i sada u skladu sa našim djelima. Dakle, završena je izgradnja kuća onih čiji je život na ovoj zemlji došao do kraja; temelji su postavljeni i podignuti su stubovi za neke kuće; a radovi na nekim drugim kućama su skoro završeni.

Kada se sve nebeske kuće vjernika završe, Gospod će se vratiti na zemlju ali ovaj put u vazduhu.

Mnogi su stanovi u kući Oca Mog. A da nije tako, kazao bih vam; idem da vam pripravim mjesto. I kad otidem i pripravim vam mjesto, opet ću doći, i uzeću vas k sebi da i vi budete gdje sam ja (Jevanđelje po Jovanu 14:2-3).

O vječnim mjestima boravka za ljude koji su spašeni je odlučeno na Suđenju Belog Prijestolja.

Kada vlasnik uđe u njegovu ili njenu kuću nakon što mjesto boravka i nagrade budu dodjeljene u skladu sa pojedinačnom mjerom vjere, kuća će tada potpuno sijati. To je zato što vlasnik i kuća čine savršeni par kada vlasnik uđe u njegovu ili njenu kuću baš kao što muž i žena postaju jedno tijelo.

Kako će Novi Jerusalim biti pun Božje slave pošto udomljuje prijesto Božji, i mnoge kuće su izgrađene za Božju iskrenu djecu koja mogu da zauvijek djele iskrenu ljubav sa Njim?

4. Sjajan kao svijetlo drago kamenje i čist kao kristal

Kada je bio vođen Svetim Duhom, apostol Jovan je bio pun strahopoštovanja kada je video Sveti grad Novi Jerusalim, i on je mogao samo da prizna sledeće:

> *I odvede me u duhu na goru veliku i visoku, i pokaza mi grad veliki, sveti Jerusalim, gdje silazi s neba od Boga, i imaše slavu Božiju. I svjetlost njegova bješe kao dragi kamen, kao kamen jaspis svjetli* (Otkrivenje Jovanovo 21:10-11).

Jovan je dao slavu Bogu dok je gledao veličanstveni Novi Jerusalim sa vrha planine, kada je bio vođen Svetim Duhom.

Novi Jerusalim, sija Božjom slavom

Šta znači kada se kaže da je blistavost Novog Jerusalima koji sija slavom Božjom „kao dragocijen kamen, kao kristalno jasni kamen jaspis?" Ima mnogo vrsta dragog kamenja i imaju različita imena u skladu sa njihovim komponentima i bojama. Da bi se smatrao dragocijenim, svaki kamen mora odaje prelijepu boju. Dakle, izraz „kao dragocijen kamen" podrazumijeva da je savršen u svojoj ljepoti. Apostol Jovan je uporedio lijepu svjetlost Novog Jerusalima sa svjetlošću dragocijenog kamenja koju ljudi smatraju vrlo vrijednom i lijepom.

Šta više, Novi Jerusalim ima ogromne i raskošne kuće, i ukrašen je nebeskim dragim kamenjem koje sija zanosnim svjetlima, i možete da kažete da svjetlost blista i da je divna čak iako gledate Grad izdaleka. Plavičasta, bijela svjetla koja blistaju mnogim bojama izgledaju kao da grle Novi Jerusalim. Koliko dirljiv i očaravajući će biti taj prizor?

Otkrivenje Jovanovo 21:18 govori nam da je zid Novog Jerusalima izgrađen od jaspisa. Za razliku od neprovidnog jaspisa na ovoj zemlji, na nebu on ima plavičastu boju i tako je lijep i čist da kada ga pogledate, imate osjećaj kao da gledate u bistru vodu. Skoro je nemoguće opisati ljepotu njegove boje pomoću ovozemaljskih stvari. Možda može da se uporedi sa sjajnom, plavom svjetlošću reflektovanom na bistrim talasima. Šta više, možemo da objasnimo njegovu boju kao čistu, plavičastu i bijelu. Jaspis predstavlja eleganciju i čistotu Boga, i Božju „pravednost" koja je besprijekorna, čista i časna.

Ima mnogo vrsta kiristala, a u nebeskim uslovima to se odnosi na bezbojan, providan i tvrd kamen koji je tako čist i providan kao čista voda. Čisti i providni kristali se od davnina koriste za ukrašavanje zato što su ne samo providni i čisti, već i lijepo reflektuju svjetlost.

Kristal, iako nije mnogo skup, divno odbija svjetlost tako da izgleda poput duge. Šta više, Bog je Svojom moći postavio sjaj slave na nebeskim kristalima, tako da se ne može čak ni uporediti sa onima koji se nalaze na ovoj zemlji. Apostol Jovan pokušava da ovim kristalom objasni ljepotu, čistotu i blistavost Novog Jerusalima.

Sveti grad Novi Jerusalim je ispunjen čudesnom slavom Božjom. Koliko veličanstven, lijep i sjajan će biti Novi Jerusalim pošto udomljava prijesto Božji i vrhunac gdje ju Bog Sebe stvorio u Trojstvo?

Poglavlje 2

Imena dvanaest plemena
i dvanaest apostola

1. Dvanaest anđela čuvaju kapije

2. Imena dvanaest Izraelskih plemena upisana

   na dvanaest kapija

3. Imena dvanaest apostola upisana na dvanaest temelja

*„I imaše zid veliki i visok, i imaše
dvanaestora vrata, i na vratima dvanaest
anđela, i imena napisana, koja su imena
dvanaest plemena sinova Izrailjevih.
Od istoka vrata troja, i od sjevera vrata
troja, od juga vrata troja, i od zapada
vrata troja. I zid gradski imaše dvanaest
kamena tremeljca, i na njima dvanaest
imena od dvanaest apostola Jagnjetovih. "*

\- Otkrivenje Jovanovo 21:12-14 -

Novi Jerusalim je okružen zidovima koji sijaju blistavim i sjajnim svetlima. Svakome će jezik ispasti na pod od veličine, veličanstvenosti, ljepote i slave ovih zidova.

Grad je u obliku kocke i ima po tri kapija na svakoj strani, na istoku, zapadu, sjeveru i jugu. Ima ukupno dvanaest kapija i nezamislivo je veliki. Gordi i dostojanstveni anđeo čuva svaku kapiju, a imena dvanaest plemena su upisana na ovim kapijama.

Oko zidova Novog Jerusalima su i dvanaest kamena temeljca na kojima stoje dvanaest stubova i imena dvanaest učenika su upisana. Sve u Novom Jerusalimu je napravljeno sa brojem 12, brojem svjetlosti, kao njegovom osnovom. Ovo je zato da bi pomoglo svima da lakše razumiju da je Novi Jerusalim mjesto za onu djecu svjetlosti čija srca liče na srce Boga, koji je Sam svjetlost.

Pogledajmo sada razloge zašto dvanaest anđela čuvaju dvanaest kapija Novog Jerusalima i zašto su imena dvanaest apostola zapisana po cijelom gradu.

1. Dvanaest anđela čuvaju kapije

U davna vremena, mnogo vojnika ili čuvara je čuvalo stražu na kapijama zamkova u kojima su kraljevi ili neki drugu visoki zvaničnici boravili i živjeli. Ova mjera je bila neophodna da zaštiti zgrade od neprijatelja i uljeza. Ipak, dvanaest anđela čuvaju kapije Novog Jerusallima iako niko ne može da uđe ili napadne grad kad god poželi zato što je on kuća Božjeg prijestola. Šta je onda razlog?

Da izrazi bogstvo, autoritet i slavu

Novi Jerusalim je ogroman i velelepni grad van naše mašte. Veliki kineski Zabranjeni grad u kojima su živeli carevi veliki je koliko nečija kuća u Novom Jerusalimu. Čak i veličina Velikog kineskog zida, jednog od sedam svetskih čuda antičkog sveta, ne može biti upređena sa veličinom grada Novog Jerusalima.

Prvi razlog zašto dvanaest anđela čuvaju kapije je da simbolizuju bogatstvo i čast, autoritet i slavu. Čak i danas, moćnici ili bogataši imaju svoje privatne stražare u i oko njihovih kuća, i to pokazuje bogatstvo i autoritet stanara.

Dakle, očigledno je da anđeli na višim pozicijama čuvaju kapije grada Novog Jerusalima u kome je Božji prijesto. Čovjek može da osjeti autoritet Boga i stanovnika Novog Jerusalima u sekundi samo ako pogleda u dvanaest anđela, čije prisustvo uveličava ljepotu i slavu samog Novog Jerusalima.

Da zaštite Božju priznatu djecu

Ša je, onda, drugi razlog zbog koga dvanaest anđela čuvaju kapije Novog Jerusalima? Poslanica Jevrejima 1:14 pita: *„Nisu li svi službeni duhovi koji su poslani na službu onima koji će naslijediti spasenje?“* Bog Svojim plamenim očima i anđelima koje je poslao štiti Svoju djecu koja žive na ovoj zemlji. Tako, Satana neće oklevetati one koji žive po Božjoj Riječi, nego će oni biti zaštićeni od iskušenja, nevolja, prirodnih i veštačkih nepogoda, bolesti i nezgoda.

Takođe, postoji nebrojeno mnogo anđela na nebu koji izvršavaju svoje dužnosti po Božjoj zapovjesti. Među njima su anđeli koji nadgledaju, bilježe i izvještavaju Boga o svakom djelu svake osobe bez obzira na to da li je vjernik ili ne. Na Sudnji dan, Bog se sjeća čak i svake riječi koju je izgovorila svaka osoba, i nagrađuje po tome šta su on ili ona uradili.

Isto tako, svi anđelil su duhovi nad kojima Bog ima kontrolu, i neosporno je da oni štite i paze Božju djecu čak i na nebu. Naravno, na nebu neće biti nesreća ili opasnosti jer ne postoji mrak koji pripada neprijatelju đavolu, ali njihova prirodna dužnost je da služe svoje gospodare. Ova dužnost nije ni od kaga silom nametnuta nego se izvršava dobrovoljno po redu i harmoniji duhovnog carstva; to je prirodna dužnost dodjeljena anđelima.

Da održe miran poredak u Novom Jerusalimu

Šta je, onda, treći razlog zbog koga dvanaest anđela čuvaju kapije Novog Jerusalima?

Nebo je besprekorno duhovno carstvo bez ijedne greške, i funkcioniše u savršenom redu. Tamo nema mržnje, svađa ili naređivanja, već funkcioniše i održava se jedino po Božjim naredbama.

Kuća podjeljena protiv sebe će pasti. Na isti način, čak i Satanin svijet ne stoji protiv sebe nego i on funkcioniše po nekom određenom redu (Jevanđelje po Marku 3:22-26). Koliko će, onda, kraljevstvo Božje biti pravednije utemeljeno i funkcionisati u redu?

Na primjer, banketi koji se održavaju u Novom Jerusalimu se odvijaju u skladu sa određenim redom. Spašene duše u Trećem, Drugom i Prvom kraljevstvu i Raju mogu da uđu u Novi Jerusalim samo na osnovu pozivnice, i opet u skladu sa duhovnim redom. Oni će tamo udovoljiti Bogu i podjeliti radost sa stanovnincima Novog Jerusalima.

Kada bi spašene duše iz Raja, Prvog, Drugog i Trećeg kraljevstva mogle slobodno da uđu u Novi Jerusalim kad god zažele, šta bi se desilo? Baš kao što se bez odgovarajućeg upravljanja i sa prolaskom vremena vrijednost čak i najboljeg i najvrijednijeg objekta umanjuje, tako i ako bi se poredak u Novom Jerusalimu prekršio, njegova ljepota ne bi mogla biti adekvatno očuvana.

Zato, zarad mirnog poretka u Novom Jerusalimu, postoji potreba za dvanaest kapija i za anđelima koji čuvaju svaku kapiju. Naravno, oni vjernici u Trećem nebeskom kraljevstvu i niže ne mogu slobodno da uđu u Novi Jerusalim čak i da nema anđela da čuva kapiju zbog razlike u slavi. Anđeli osiguravaju da se poredak održava još valjanije.

2. Imena dvanaest Izraelskih plemena upisana na dvanaest kapija

Šta je, onda, povod za pisanje imena dvanaest plemena Izraelskih na kapijama Novog Jerusalima? Imena dvanaest plemena Izraelskih simbolizuju činjenicu da su dvanaest kapija Novog Jerusalima započete sa dvanaest plemena Izraelskih.

Povod za pravljenje dvanaest kapija

Adam i Eva, koji su istjerani iz Edenskog vrta zbog njihovog grijeha neposlušnosti prije oko 6000 godina, izrodili su mnogo djece dok su živjeli na ovoj zemlji. Kada je svijet bio pun grijehova, svi osim Noja, pravednog čovjeka među savremenicima, i njegove familije, su bili kažnjeni i nastradali su od vode.

Onda je prije oko 4000 godina rođen Avram, i kad je došlo vrijeme, Bog ga je postavio kao praoca vjere i obilno ga blagosiljao. U Postanku 22:17-18 Bog je dao obećanje Avramu.

Zaista ću te blagosloviti i sjeme tvoje veoma umnožiti, da ga bude kao zvijezda na nebu i kao pijeska na brijegu morskom; i naslediće sjeme tvoje vrata neprijatelja svojih. I blagosloviće se u sjemenu tvom svi narodi na zemlji, kad si poslušao glas Moj.

Vjerni Bog je postavio Jakova, unuka Avramovog, kao osnivača Izraela, i napravio temelj za oformljenje nacije sa njegovih dvanaest sinova. Onda, prije oko 2000 godina, Bog je poslao Isusa kao potomka Judinog plemena i čitavom čovječanstvu otvorio put spasenja.

Na ovaj način, Bog je formirao narod Izraelski sa dvanaest plemena da bi ispunio obećanje koje je dao Avramu. Šta više, da bi simbolizovao i označio ovu činjenicu, Bog je napravio dvanaest kapija u Novom Jerusalimu i napisao imena ovih dvanaest plemena Izraelskih.

Sada, pogledajmo bliže u Jakova, praoca Izraela, i dvanaest plemena.

Jakov, praotac Izraela, i njegovih dvanaest sinova

Jakov, unuk Avramov i sin Isakov, na lukavi način uzeo je pravo po rođenju od svog starijeg brata Isava i morao je da pobjegne od svog brata kod svog ujaka Labana. Tokom njegovog dvadesetogodišnjeg ostanka u Labanovoj kući, Bog je oplemenio Jakova dok on nije postao praotac Izraela.

Postanak 29:21 pa dalje, do djetalja objašnjava Jakovljeve ženidbe i rođenja njegovih dvanaest sinova. Jakov je volio Rahilju i obećao je da će služiti sedam godina svom ujaku Labanu kako bi mogao da je oženi, ali je bio obmanut od svog ujaka i oženio je njenu sestru Liju. Morao je da obeća Labanu da će služiti još sedam godina kako bi oženio Rahilju. Jakov je konačno oženio Rahilju i volio je Rahilju više nego što je volio Liju.

Bog je bio milosrdan prema Liji, koju muž nije volio, i otvorio je njenu matericu. Lija jer rodila Ruviima, Simeona, Levijea i Judu. Jakov je volio Rahilju, ali ona neko vrijeme nije mogla da rađa sinove. Postala je ljubomorna na svoju sestru Liju i dala je svoju služavku Valu svom mužu kao suprugu, inoču. Vala je rodila dva sina koji su se zvali Dan i Naftali. Kada Lija više nije mogla da zatrudni, ona je dala Jakovu svoju sluškinju Zilpu kao inoču i ona je rodila Gada i Asira.

Kasnije, Lija je dobila saglasnost od Rahilje da može da spava sa Jakovom u zamenu za mandragoru koju je pronašao njen sin Ruvim (mandrake, simbol plodnosti – prim. prev.). Ona je rodila Isahara i Zavulona i ćerku Dinu. Onda se Bog sjetio Rahilje koja je bila neplodna i otvorio je njenu matericu, i tada je ona rodila Josifa. Posle rođenja Josifovog, Jakov je dobi zapovjest od Boga da pređe rijeku Javok i vrati se u svoj rodni grad sa svoje dvije žene, dvije sluškinje i jedanaest sinova.

Jakov je dvije decenije prolazio kroz iskušenja u kući svog ujaka Labana. Poslije toga se pokorio i molio se dok mu se kuk nije uvrnuo na rijeci Javok, na putu ka njegovom rodnom gradu. On je tada primio novo ime „Izrael" (Postanak 32:28). Izrael se takođe izmirio sa svojim bratom Isavom i živio u zemlji Hanan. On je primio blagoslov da postane praotac Izraela i sa Rahiljom dobio svog poslednjeg sina Venijamina.

Dvanaest plemena Izraela, izabranog naroda Božjeg

Josifa, koga je njegov otac volio najviše od svih dvanaest sinova Izraelovih, su sa sedamnaest godina prodala u Egipat njegova braća obuzeta zavišću. Ipak, uz Božje proviđenje Josif je, kada mu je bilo trideset godina, postao premijer Egipta. Znajući da će u zemlji Hanan biti velike gladi, Bog je prvo poslao Josifa u Egipat, i onda je cijeloj njegovoj prorodici dozvolio da se preseli tamo kako bi se brojno dovoljno povećali tako da oforme naciju.

U Postanku 49:3-28, prije nego da izdahne Izrael blagosilja svojih dvanaest sinova, i oni su dvanaest plemena Izraela:

„Ruvime, ti si prvenac moj,
krepost moja i početak sile moje (stih 3)...
Simeun i Levije su braća.
Mačevi su im oružje nepravdi (stih 5)...
Juda, tebe će hvaliti braća tvoja (stih 8)...
Zavulon će živjeti pokraj mora (stih 13)...
Isahar je magarac jak u kostima,
Koji leži u toru (stih 14)...
Dan će suditi svom narodu,
kao jedno između plemena Izrailjevih (stih 16)...
A Gad, njega će vojska savladati;
Ali će najposlije on nadvladati (stih 19)...
U Asira će biti obilata hrana, (stih 20)...

Neftalim je košuta puštena
govoriće lijepe riječi (stih 21)...
Josif je rodna grana,
rodna grana kraj izvora (stih 22)...
Venijamin je vuk grabljivi (stih 27)..."

Svi oni su dvanaest plemena Izraela, i ovo je što im je njihov otac rekao kada ih je blagoslovio, dajući svakom odgovarajući blagoslov. Blagoslovi su drukčiji zato što se svaki sin (pleme) razlikovao po osobinama, ličnosti, djelu i naravi.

Preko Mojsija, Bog je dao zakon na dvanaest plemena izraelskih koja su izašla iz Egipta, i poveo ih u zemlju Hanan, gdje teče med i mlijeko. U Ponovljenom zakoniku 33:5-25, vidimo Mojsija kako pred smrt blagosilja narod Izraelski.

„Da živi Ruvim i ne umre,
a ljudi njegovih da ne bude malo (stih 6) ...
Čuj, o GOSPODE, glas Judin,
i dovedi ga opet k narodu njegovom (stih 7) ...
I za Levija reče:
„Tvoj Tumim i Tvoj Urim
neka budu u čovjeka Tvog svetog" (stih 8) ...
Za Venijamina reče:
„Mili GOSPODU
nastavaće bez straha s Njim" (stih 9) ...
I za Josifa reče:
„Blagoslovena je zemlja njegova od GOSPODA
blagom s neba, rosom i iz dubine odozdo " (stih 13) ...
A to je mnoštvo hiljada Jefremovih

i hiljade Manasijine (stih 17) ...
A za Zavulona reče:
„ Veseli se Zavulone izlaskom svojim,
i Isahare šatorima svojim " (stih 18) ...
A za Gada reče:
„ Blagosloven je onaj
koji širi Gada " (stih 20) ...
A za Dana reče:
„ Dan je lavić,
koji će iskakati iz Vasana " (stih 22) ...
I za Neftalima reče:
„ Neftalime, siti milosti
i puni blagoslova GOSPODNJEG " (stih 23) ...
Asir će biti blagoslov mimo druge sinove,
biće mio braći svojoj (stih 24) ..."

Levije je, od dvanaest sinova Izraelovih, bio isključen iz dvanaest plemena kako bi postao svještenik i pripao Bogu. Umjesto toga, Josifova dva sina Manasije i Jefrem su formirali dva plemena kako bi zamenili Levijeve.

Imena dvanaest plemena upisana na dvanaest kapija

Kako, onda, mi koji nismo članovi dvanaest plemena Izraela niti smo direktni potomci Avramovi, možemo biti spašeni i možemo proći kroz tih dvanaest kapija na kojima su upisana imena dvanaest plemena?

Odgovor na to pitanje možemo naći u Knjizi Otkrivenja 7:5-8:

I čuh broj zapečaćenih, sto i četrdeset i četiri hiljade zapečaćenih od svih kolena sinova Izrailjevih: Od kolena Judinog dvanaest hiljada zapečaćenih; od kolena Ruvimovog dvanaest hiljada zapečaćenih; od kolena Gadovog dvanaest hiljada zapečaćenih; Od kolena Asirovog dvanaest hiljada zapečaćenih; od kolena Neftalimovog dvanaest hiljada zapečaćenih; od kolena Manasijinog dvanaest hiljada zapečaćenih; Od kolena Simeunovog dvanaest hiljada zapečaćenih; od kolena Levijevog dvanaest hiljada zapečaćenih; od kolena Isaharovog dvanaest hiljada zapečaćenih; Od kolena Zavulonovog dvanaest hiljada zapečaćenih; od kolena Josifovog dvanaest hiljada zapečaćenih; od kolena Venijaminovog dvanaest hiljada zapečaćenih.

U ovim stihovima, prvo se spominje ime Judinog plemena a prati ga ime plemena Ruvimovog što nije kao što je u knjigama Postanak i Ponovljeni zakon. I ime plemena Danovog je obrisano, a ime Manasijinog plemena je dodato.

Zabilježen je ozbiljan grijeh plemena Danovog u 1. Kraljevima 12:28-31.

Zato car smisli, te načini dva teleta od zlata, pa reče narodu: „Ne treba više da idete u Jerusalim; evo bogova tvojih, Izrailju, koji su te izveli iz zemlje misirske (Egipat)." I namjesti jedno u Vetilju, a drugo namjesti u Danu. I to bi na grijeh, jer narod iđaše k jednome do Dana. I načini kuću na visini, i postavi svještenike od prostog naroda koji ne behu od sinova

Levijevih.

Jerovoam, koji je postao prvi kralj Sjevernog izraelskog kraljevstva, mislio je u sebi da ako bi ljudi otišli da ponude žrtve u hramu GOSPODNJEM u Jerusalimu, oni bi opet pokazali pokornost svome gospodaru, Rovoamu kralju Judejskom. Kralj je napravio dva zlatna teleta, i jedno postavio u Vetilju, a drugo u Danu. Zabranio je ljudima da idu u Jerusalim da daju žrtve Bogu i naveo ih je da služe u Vetilju i Danu.

Pleme Dan je počinilo grijeh idolopoklonstva i načinilo obične ljude Božjim svještenicima iako niko osim članova plemena Levija nije mogao postati svještenik. I oni su ustanovili praznik na petnaesti dan osmog mjeseca, kao što je praznik održavan u Judeji. Bog nije mogao da im oprosti sve ove grijehove, pa ih se odrekao.

Dakle, ime plemena Dan je izbačeno i zamenjeno imenom plemena Manasija. Činjenica da je ime plemena Manasija dodato je pretskazana u Postanku 48:5. Jakov je rekao svom sinu Josifu:

Sada dakle dva sina tvoja, što ti se rodiše u zemlji misirskoj prije nego dođoh k tebi u Misir, moji su, Jefrem i Manasija kao Ruvim i Simeun neka budu moji.

Jakov, otac Izraela, već je označio Manasiju i Jefrema kao svoje. Tako, u Novom Zavjetu, u Knjizi Otkrivenja, nalazi se da je ime plemena Manasija zapisano umjesto imena Dana.

Činjenica da je među dvanaest plemena Izraela ime plemena Manasija ovako zapisano iako on nije bio jedan od dvanaest Izraelskih vođa ukazuje da će nejevreji zauzeti mjesto Izraelaca i biti spašeni.

Bog je kroz dvanaest plemena Izraela postavio temelj nacije. Prije oko dve hiljade godina, On je otvorio kapije pranja naših grijehova kroz dragocijenu, na krstu prolivenu krv Isusa Hrista i dozvolio svakome da primi spasenje sa vjerom.

Bog je izabrao narod Izraela koji su izrasli iz tih dvanaest plemena i nazvo ih „Moj narod,“ ali kako su oni na kraju omanuli da poštuju Božju volju, jevanđelje je prešlo kod nejevreja.

Nejevreji, izdanak divlje masline koja je kalemljena, su zamenili Božji izabrani narod Izraela koji je izdanak masline. Zato je apostol Pavle rekao u Poslanici Rimljanima 2:28-29 da: „*Jer ono nije Jevrejin koji je spolja Jevrejin, niti je ono obrezanje koje je spolja, na tijelu. Nego je ono Jevrejin koji je iznutra i obrezanje srca duhom a ne slovima, to je obrezanje; kome je hvala ne od ljudi nego od Boga.*“

Ukratko, nejevreji su došli da zamjene narod Izraela da bi se ispunilo Božje proviđenje baš kao što je pleme Dan bilo obrisano a pleme Manasija dodato. Zato, čak i nejevreji mogu da uđu u Novi Jerusalim kroz dvanaest kapija sve dok posjeduju odgovarajuće kvalifikacije vjere.

Zato, ne samo oni koji su pripadnici tih dvanaest plemena Izraela, nego će primiti spasenje i oni koji u vjeri postanu naslijednici Avramovi. Kada nejevreji dođu u vjeru, Bog ih više ne smatra „nejevrejima“ nego umjesto toga pripadnicima dvanaest plemena. Sve nacije će kroz tih dvanaest kapija biti spašene, i to je Božja pravednost.

Nakon svega, „dvanaest plemena“ Izraela duhovno se odnosi na svu Božju djecu koja su spašena vjerom, i Bog je napisao imena dvanaest plemena na dvanaest kapija Novog Jerusalima da bi prikazao ovu činjenicu.

Ipak, kao što različite zemlje imaju različite karakteristike, slava svakog od dvanaest plemena i dvanaest kapija takođe variraju na nebu.

3. Imena dvanaest apostola upisana na dvanaest temelja

Šta je, onda, razlog da su imena dvanaest apostola napisana na dvanaest temelja Novog Jerusalima?

Da bi se izgradila zgrada, morate da imate temelj na kome će biti postavljeni stubovi. Lako je procijeniti veličinu konstrukcije ako gledate u dubinu iskopanog temelja. Temelji su veoma važni zato što moraju da podrže težinu cijele strukture.

Na isti način, dvanaest temelja su postavljeni da bi izdržali zidove Novog Jerusalima i dvanaest stubova između kojih su napravljene dvanaest kapije. Onda je napravljeno dvanaest kapija. Veličina dvanaest temelja i dvanaest stubova je tako ogromna izvan našeg razumijevanja, i mi ćemo se udubiti u to u sljedećem poglavlju.

Dvanaest temelja, važnijih nego dvanaest kapija

Svaka sijenka ima biće koje je baca. Po istom principu, Stari Zavjet je sijenka Novog Zavjeta zato što Stari Zavjet svjedoči Isusu koji je trebao da dođe na ovaj svijet kao Spasitelj, a Novi Zavjet bilježi službovanje Isusovo koji je došao na ovaj svijet, ispunio sva proročanstva, i ostvario put spasenja (Poslanica Jevrejima 10:1).

Bog, koji je postavio temelj nacije kroz dvanaest plemena Izraela i preko Mojsija objavio Zakon, podučio dvanaest apostola preko Isusa koji je ispunio Zakon sa ljubavlju i načinio ih svjedocima Gospoda po cijelom svijetu. Na ovaj način, dvanaest apostola su heroji koji su učinili mogućim da se ispuni Zakon Starog Zavjeta i da se napravi grad Novi Jerusalim, ne ponašajući se kao sijenka nego kao biće koje je pravi.

Zato, dvanaest temelja Novog Jerusalima su mnogo važniji nego dvanaest kapija, i uloga dvanaest apostola je mnogo važnija nego uloga dvanaest plemena.

Isus i Njegovih dvanaest učenika

Isus Sin Božji, koji je došao na ovaj svijet u tijelu, počeo je Svoje službovanje sa trideset godina, pozvao je Svoje učenike i učio ih. Kada je došlo vrijeme, Isus je osposobio Svoje apostole da istjeruju demone i liječe bolesne. Jevanđelje po Mateju 10:2-4 spominje dvanaest apostola:

> *A dvanaest apostola imena su ova: Prvi Simon, koji se zove Petar, i Andrija brat njegov; Jakov sin Zevedejev, i Jovan brat njegov; Filip i Vartolomije; Toma, i Matej carinik; Jakov sin Alfejev, i Levije prozvani Tadija; Simon Kananit, i Juda Iskariotski, koji Ga i predade.*

Kao što je Isus zahtjevao, oni su propovjedali jevanđelja i izvodili djela Božje moći. Oni su svjedočili živom Bogu i odveli su mnoge duše na put spasenja. Svi su oni, osim Jude Iskariotskog koga je podsticao Satana i na kraju je prodao Isusa, svjedočili

Gospodovom uskrsnuću i uspijeću, i doživjeli Svetog Duha kroz revnosne molitve.

Onda, pošto ih je Bog opunomoćio, oni su primili Svetog Duha i moć, i postali svjedoci Gospoda u Jerusalimu, cijeloj Judei i Samariji i na svim krajevima svijeta.

Matija je zamjenio Judu Iskariotskog

Djela 1:15-26 opisuju proces zamene Jude Iskariotskog među dvanaest apostola. Oni su molili Boga i bacili kocku. Ovo je bilo urađeno jer su apostoli htjeli da bude urađeno po Božjoj volji, bez ikakve intevencije ljudskih misli. Oni su konačno odabrali jednog među onima koje je učio Isus, čovjeka po imenu Matija.

Razlog zašto je Isus ipak odabrao Judu Iskariotskog znajući da će ga on na kraju izdati leži ovde. Činjenica da je Matija bio novoizabran znači da su čak i nejevreji mogu primiti spasenje. To takođe znači da izabrane sluge Božje danas pripadaju Matijinom mjestu. Od vaskrsenja i uspenja Gospodovog, bilo je mnogo sluga Božjih koji su bili izabrani od Samog Boga, i svako ko pastane jedan sa Gospodom može biti odabran za Gospodovog apostola, kao što je i Matija postao Njegov apostol.

Sluge Božji odabrani od Samog Boga povinuju se volji svoga Gospodara samo sa „da." Ako se sluge Božji ne povinuju Njegovoj volji, oni ne mogu i ne trebaju biti zvani „sluge Božje" ili „odabrane Božje sluge."

Dvanaest apostola uključujući Matiju su ličili na Boga, dostigli svetost, povinovali se Božjem učenju i u potpunosti ispunili Božju volju. Oni su postali temelji svjetske misije time što su ispunili svoje dužnosti dok nisu postali mučenici.

Imena dvanaest apostola

Oni koji su bili spašeni vjerom, iako nisu bili ni posvećeni ni vjerni u cijeloj Božjoj kući, mogu sa pozivnicom da posjete Novi Jerusalim, ali oni ne mogu da obitavaju tamo zauvijek. Tako, razlog zbog čega su dvanaest imena od dvanaest apostola upisana na dvanaest temelja je taj da nas podsjeti da samo oni koji su bili posvećeni i vjerni u cijeloj Božjoj kući u ovom životu mogu da dođu u Novi Jerusalim.

Dvanaest plemena Izraela odnose se na svu Božju djecu koja su vjerom spašena. Oni koji su posvećeni i vjerni svim svojim životom imaće kvalifikacije da uđu u Novi Jerusalim. Iz ovih razloga, dvanaest temelja su mnogo važniji, i zato imena dvanaest apostola nisu upisana na dvanaest kapija nego na dvanaest temelja.

Zašto je, onda, Isus odabrao samo dvanaest apostola? U Svojoj savršenoj mudrosti, Bog ispunjava Svoje proviđenje koje je stvorio prije nego što je počelo vrijeme i ostvaruje sve shodno tome. Tako, mi znamo da je Isus odabrao samo dvanaest apostola da bi ispunio sve po Božjem planu.

Bog, koji je formirao dvanaest plemena u Starom Zavjetu, odabrao je dvanaest apostola, koristeći broj 12 koji stoji za „svjetlost" i „savršenstvo" i u Novom Zavetu, a sijenka Starog Zavjeta i biće Novog Zavjeta postali su par.

Bog ne mijenja Svoje mišljenje i plan koji je jednom napravio, i drži Svoju Riječ. Zato, mi moramo da vjerujemo u sve Riječi Božje u Bibliji, i pripremimo sebe kao Božje nevjeste da Ga prihvatimo, i dostignemo i zadržimo kvalifikacije neophodne za ulazak u Novi Jerusalim kao dvanaest apostola.

Isus nam je rekao u Otkrivenju Jovanovom 22:12: „*I evo, Ja ću doći skoro, i plata Moja sa Mnom, da dam svakome po djelima njegovim.*"

Kakav hrišćanski život vi treba da vodite ako istinski vjerujete da se Gospod vraća uskoro? Vi ne treba da budete zadovoljni samo time što ste primili spasenje vjerom u Isusa Hrista, nego takođe morate da odbacite svoje grijehove i budete vjerni u svim svojim dužnostima.

Ja se molim u ime Gospoda Isusa Hrista da ćete vi imati vječnu slavu i blagoslove u Novom Jerusalimu kao i praoci vjere čija imana su upisana na dvanaest kapija i dvanaest temelja!

Poglavlje 3

Veličina Novog Jerusalima

1. Izmjeren zlatnom trskom

2. Novi Jerusalim u obliku kocke

*„I onaj što govoraše sa mnom, imaše
trsku zlatnu da izmjeri grad i vrata
njegova i zidove njegove. I grad na četiri
ugla stoji, i dužina je njegova tolika
kolika i širina. I izmjeri grad trskom na
dvanaest hiljada potrkališta: dužina i
širina i visina jednaka je. I razmjeri zid
njegov na sto i četrdeset i četiri lakta, po
meri čovječjoj, koja je anđelova. “*

- Otkrivenje Jovanovo 21:15-17 -

Neki vjernici misle da će svako ko je spašen ići u Novi Jerusalim koji udomljuje Božji prijesto, ili pogriješno shvataju da je Novi Jerusalim nebo u svojoj cjelosti. Ipak, Novi Jerusalim nije cijelo nebo, već samo dio beskonačnog neba. Samo Božja iskrena djeca koja su potpuno sveta i posvećena mogu u njega da uđu. Koliko veliko, možda se čudite, je veličina Novog Jerusalima, koji je Bog priprijemio za Njegovu iskrenu djecu?

Hajde da se udubimo u veličinu i oblik Novog Jerusalima, i u duhovna značenja sakrivena u njima.

1. Izmjeren zlatnom trskom

Prirodno je za one sa iskrenom vjerom i usrdnom nadom za Novi Jerusalim da hoće da znaju o veličini i širini Grada. Pošto je to mjesto za Božju djecu koja su posvećena i potpuno liče na Gospoda, Bog je priprijemio Novi Jerusalim tako prelijepo i veličanstveno.

U Otkrivenju Jovanovom 21:15, možete da pročitate o anđelu koji stoji sa zlatnom trskom da izmjeri veličinu kapija i zidova Novog Jerusalima. Zašto je, onda, Bog dozvolio da se Novi Jerusalim mjeri zlatnom trskom?

Zlatna trska je vrsta lenjira koji se koristio za mjerenje razdaljine na nebu. Ako znate značenje zlata i trske, vi možete da razumijete razlog zašto Bog mjeri dimenzije Novog Jerusalima sa zlatnom trskom.

Zlato ima značenje „vjere" zato što se nikada ne mijenja tokom vremena. Zlato zlatne trske simbolizuje činjenicu da je Božja mjera tačna i nikada se ne mijenja, i sva Njegova obećanja će biti održana.

Karakteristike trske koja mjeri vjeru

Trska je visoka i njena ivica je mekana. Ona se savija lako prema vjetru ali se ne lomi; ona ima i mekoću i čvrstinu u isto vrijeme. Trska ima čvorove, a to znači da Bog nagrađuje shodno sa onim šta je ko učinio.

Dakle, razlog zbog koga Bog mjeri grad Novi Jerusalim zlatnom trskom je da tačno izmjeri vjeru svakog pojedinca i uzvrati u skladu sa onim šta su on ili ona učinili.

Sada, hajde da razmotrimo karakteristike i duhovno značenje trske da bi razumijeli zašto Bog mjeri dimenzije Novog Jerusalima zlatnom trskom.

Kao prvo, trske imaju veoma duboko i jako korijenje. One su visoke 1-3 metara, oko 3-10 stopa, i žive u gomilama u pijesku močvara ili jezera. Možda se čini da imaju slabo korijenje, ali ne možemo da ih lako isčupamo.

Na isti način, Božja djeca bi takođe trebala da budu čvrsto ukorijenjena u vjeri i da stoje na kamenu vjere. Samo kada imate nepromijenjenu vjeru koja neće biti poljuljana ni pod kojim okolnostima, vi ćete moći da uđete u Novi Jerusalim čije su dimenzije izmjerene zlatnom trskom. Zbog ovog razloga se apostol Pavle molio za vjernike Efežane: *„da se Hristos useli vjerom u srca vaša, da budete u ljubavi ukorijenjeni i* *utemeljeni"* (Poslanica Efežanima 3:17).

Drugo, trska ima veoma meke ivice. Pošto je Isus imao meko i blago srce, koje podsjeća na trsku, On se nikada nije raspravljao ili plakao. Čak i kada su Ga drugi kritikovali ili progonili, Isus se ne bi raspravljao već bi umjesto toga odlazio.

Zato oni koji se nadaju za Novi Jerusalim treba da imaju blago srce kao što je bilo Isusovo. Ako se osjećate nelagodno kada drugi ukazuju na vaše greške ili vas opominju, to znači da još uvijek imate tvrdo i ponosno srce. Ako imate meko i blago srce kao paperje, vi možete da prihvatite ove stvari sa zadovoljstvom bez osjećanja žalosti ili nezadovoljstva.

Treće, trska se lako savija prema vjetru, ali ne može lako da se slomi. Poslije jakog tajfuna, veliko drveće se ponekad isčupa, ali trska se občno ne slomije čak ni na jakom vjetru zato što je meka. Ljudi na ovoj zemlji ponekad upoređuju žensku pamet i srca sa trskom da bi se izrazili na pogrdan način, ali Bog upoređuje suprotno. Trska je meka i može da izgleda veoma slaba, ipak ona ima snagu da ne pukne čak i na jakom vjetru, a ima i ljepotu svojih elegantnih, bijelih cvijetova.

Zato što trska ima sve aspekte stvari kao što su mekoća, čvrstina i ljepota, ona može da simbolizuje pravdu određenih presuda. Ovakve karakteristike trske takođe mogu da budu pripisane Izraelskoj državi. Izrael ima relativno malu teritoriju i populaciju, i okružen je neprijateljskim komšijama. Izrael možda izgleda kao slaba zemlja, ali nikada se nije „polomio" ni pod kojim okolnostima. Ovo je ztato što imaju tako jaku vjeru u Boga, vjeru koja je ukorijenjena u praocima vjere uključujući i Avrama. Čak iako izgledaju kao da će se fizički slomiti u trenutku, vjera Izraelaca u Boga dozvoljava im da stoje čvrsto.

Na isti način, da bi ušli u Novi Jerusalim, mi moramo da imamo vjeru koja se nikada ne koleba ni pod kojim okolnostima, da smo ukorijenjeni u Isusu Hristu koji je stena, kao trska sa jakim korijenjem.

Četvrto, stablo trske je pravo i glatko pa se često koristi za pravljenje krovova, strijela, ili pera na olovci. Pravo stablo takođe ukazuje na kretanje napred. Za vjeru se kaže da je „živa" samo onda kada stalno napreduje. Oni koji se usavršavaju i razvijaju će rasti u svojoj vjeri iz dana u dan, i nastaviće da napreduju ka nebu.

Bog bira ova dobra tijela koja napreduju ka nebu, prečišćava i pravi ih savršenim kako bi ovi ljudi mogli da uđu u Novi Jerusalim. Zato mi treba da napredujemo ka nebu kao lišće koje klija sa kraja pravog stabla.

Peto, dok su mnogi pisci pisali o cvijetovima trske da bi opisali miran predeo, spoljašnjost trske je veoma meka i lijepa, a njeno lišće je graciozno i elegantno. Kao što 2. Korinćanima Poslanica 2:15 kaže: *„Jer smo mi Hristov miris Bogu i među onima koji se spasavaju i koji ginu"* oni koji stoje na kamenu vjere odaju miris Hrista. Oni koji imaju ovakva srca imaju dražesna i blažena lica, i ljudi mogu da iskuse nebo kroz njih. Zato, da uđemo u Novi Jerusalim, mi treba da odamo lijepi miris Hrista koji je kao meki cvijetovi i elegantni listovi trske.

Šesto, lišće trske je tanko a ivice su tako oštre da može da posiječe kožu samo lakim dodirom. Na isti način, oni koji imaju vjeru ne smiju da prave nagodbu sa grijehom već da odbacivanjem zla postanu kao sječiva.

Danilo, koji je bio svještenik velike Persije i kralj ga je volio, suočio se sa iskušenjem u kojem su ga zli, ljubomorni ljudi osudili da bude bačen u lavlji kavez. Ipak, on se uopšte nije nagodio, već se čvrsto držao svoje vjere. Kao rezultat, Bog je poslao Svog anđela da zatvori usta lavovima, i dozvolio je Danilo da silno slavi Boga pred kraljem i svim ljudima.

Bog je zadovoljan vrstom vjere koju je Danilo imao, vrstom koja ne pravi nagodbe sa svijetom. On štiti one koji imaju ovu vrstu vjere od svih vrsta teškoća i iskušenja, i dozvoljava im da Ga slave na kraju. Takođe, On ih blagoslovi i pravi: *„da si glava a ne rep“* gdje god da idu (Knjiga ponovljenog zakona 28:1-14).

Šta više, kao što nam Poslovice 8:13 govore: *„Strah je GOSPODNJI mržnja na zlo“* ako imate zlo u srcu, vi morate da ga odbacite kroz usrdne molitve i post. Samo kada ne pravite nagodbe sa grijehovima već mrzite zlo, bićete posvećeni i imaćete kvalifikacije da uđete u Novi Jerusalim.

Mi smo razmotrili razlog zašto Bog mjeri grad Novi Jerusalim zlatnom trskom posmatrajući šest karakteristika trske. Upotreba zlatne trske dozvoljava nam da znamo da Bog mjeri našu vjeru precizno i nagrađuje nas tačno kao što smo učinili u ovom životu, i da On ispunjava Svoja obećanja.

2. Novi Jerusalim u obliku kocke

Bog je posebno zabilježio veličinu i oblik Novog Jerusalima u Bibliji. Otkrivenje Jovanovo 21:16 govori nam da je grad u obliku kocke sa petnaest hiljada milja (12000 stadia ili 2400 kilometara) u dužini, širini i visini. Na ovo neki će možda da se pitaju: „Zar nećemo da se osjećamo kao zaključani?“ Ipak, Bog je napravio unutrašnjost Novog Jerusalima tako udobnim i zadovoljavajućim. Takođe, čovjek ne može da vidi grad Novi Jerusalim od spolja, dok ljudi unutar zidova mogu da vide spoljašnjost. Drugim riječima, nema razloga da se osjećate neudobno ili ograničeno unutar zidina.

Isti u širini, dužini i visini

Šta je, onda, razlog što je Bog stvorio Novi Jerusalim u obliku kocke? Ista dužina i širina predstavljaju red, tačnost, pravdu i pravednost grada Novog Jerusalima. Bog kontroliše poredak svih stvari kako bi se nebrojene zvijezde, mjesec, sunce, solarni sistem i ostatak univerzuma precizno i tačno kretali bez ijedne greške. Isto tako, Bog je napravio grad Novi Jerusalim u obliku kocke da pokaže da On kontroliše poredak svih stvari i istorije, precizno ispunjava sve do kraja.

Novi Jerusalim ima istu širinu i dužinu, i dvanaest kapija i dvanaest temelja, tri sa svake strane. Ovo simbolizuje da bez obzira gdje čovjek da živi na ovoj zemlji, pravila će biti pošteno primjenjena prema onima koji imaju kvalifikacije da uđu u Novi Jerusalim. Naime, ljudi koji su kvalifikovani mjerom zlatne trske će ući u Novi Jerusalim bez obzira na njihov pol, godine ili rasu.

Ovo je zato što Bog, sa Njegovim ispravimnim i pravednim karakterom, sudi sa pravdom i tačno mjeri kvalifikacije za ulazak u Novi Jerusalim. Šta više, kocka predstavlja sjever, jug, istok i zapad. Bog je napravio Novi Jerusalim, i zove Svoju savršenu djecu koja su spašena sa vjerom među svim nacijama sa sve četiri strane.

U Otkrivenju Jovanovom 21:16 čitamo: „*I grad na četiri ugla stoji, i dužina je njegova tolika kolika i širina. I izmjeri grad trskom na petnaest hiljada potrkališta: dužina i širina i visina jednaka je.*" „Hiljadu petsto milja" je pretvoreno u „dvanaest hiljada (12000) stadija" što je grčka mjera za dužinu, a pretvoreno ponovo je približno 2400 kilometara. Dakle, mjere Novog Jerusalima oblika kocke su 2400 km u širini, dužini i visini.

Takođe, u Otkrivenju Jovanovom 21:17 čitamo: „*I razmjeri zid njegov na sto i četrdeset i četiri lakta, po mjeri čovječjoj, koja je anđelova.*"

Zidovi grada Novog Jerusalima su sedamdeset dvije jarde debeli. „Sedamdeset dve jarde" je pretvoreno u oko „144 kubita" ili 65 metara, ili 213 stopa. Pošto je grad Novi Jerusalim ogroman, njegovi zidovi su neuporedivo debeli.

Poglavlje 4

Napravljen od čistog zlata
i dragulja svih boja

1. Ukrašen čistim zlatom i svim vrstama dragulja

2. Zidovi Novog Jerusalima napravljeni od jaspisa

3. Napravljen od čistog zlata kao providno staklo

„I beše građa zidova njegova jaspis,
i grad zlato čisto, kao čisto staklo."

- Otkrivenje Jovanovo 21:18 -

Pretpostavimo da imate svo bogatstvo i vlast da napravite kuću u kojoj vi i vaši voljeni treba da živite vječno. Kako biste željeli da je napravite? Koje materijale bi upotrijebili? Nije važno koja je cijena, rok izgradnje, i koliko radne snage vam treba da je izgradite, vi bi vjerovatno željeli da je izgradite na najljepši i najdivniji način.

Isto tako, zar ne bi naš Bog Otac hteo da napravi i lijepo ukrasi Novi Jerusalim sa najboljim nebeskim materijalima da tamo zauvijek ostane sa svojom lijepom djecom? Šta više, svaki materijal u Novom Jerusalimu ima različito značenje kako bi se odalo priznanje vremenu u kojem smo patili u vjeri i ljubavi na ovoj zemlji, i sve je tamo veličanstveno.

Jednostavno je prirodno za one koji duboko u svojim srcima čeznu za Novim Jerusalimom da žele da znaju više o njemu.

Bog zna srca ovih ljudi i detaljno nam je u Bibliji dao različite djelove informacije o Novom Jerusalimu, uključujući veličinu, oblik čak i debljinu zidova.

Od čega je, onda, napravljen Novi Jerusalim?

1. Ukrašen čistim zlatom i svim vrstama dragulja

Novi Jerusalim, koga je Bog pripremio za Svoju djecu, je napravljen od čistog zlata koje se nikad ne mijenja i ukrašen je drugim nakitom. Na nebu ne postoji materijal, kao što je zemlja na ovoj planeti, koji se mijenja kako prolazi vrijeme. Putevi u

Novom Jerusalimu su napravljeni od čistog zlata, a temelji su od dragog kamenja. Ako je pijesak na obali rijeke vode života od srebra i zlata, koliko bi divniji bili materijali za ostale zgrade?

Novi Jerusalim: Božje remek djelo

Sve svjetski poznate zgrade, njihova blistavost, vrijednost, elegancija i finoća, se razlikuju od jedne do druge konstrukcije u zavisnosti od materijala koji je korišćen za njihovu izgradnju. Mermer je sjajniji, elegantniji i ljepši nego pijesak, drvo ili cement.

Možete li da zamislite koliko bi lijepo i veličanstveno bilo kada biste napravili cijelu zgradu sa skupim zlatom i dragim kamenjem. Štaviše, još koliko će biti ljepše i fantastičnije zgrade na nebu napravljene od najljepših materijala!

Zlato i drago kamenje koje je napravio Bog na nebu se mnogo razlikuju po njihovom kvalitetu, boji i finoći od onih na ovoj zemlji. Njihova čistoća i svjetlost koja toliko lijepo sija ne mogu dovoljno biti objašnjene riječima.

Čak i na ovom svijetu, razne vrste posuda mogu biti napravljene od iste gline. One mogu biti skupi porcelan ili jeftina grnčarija u zavisnosti od vrste gline i nivoa vještine grnčara. Bogu je trebalo hiljade godina da napravi Svoje remek djelo, Novi Jerusalim, koji je ispunjen veličanstvenom, dragocijenom i savršenom slavom Gradskog Arhitekte.

Čisto zlato stoji za vjeru i vječni život

Čisto zlato je stoprocentno zlato bez ikakvih nečistoća, i

jedina je stvar koja se nikad ne mijenja na ovoj zemlji. Zbog ove osobine, mnoge zemlje su ga koristile kao standard za njihovu valutu i menjački kurs, i korišćeno je za ukrašavanja kao i za industrijske potrebe. Mnogi ljudi traže i vole čisto zlato.

Razlog zbog koga nam je Bog dao zlato na ovoj zemlji je da bi nam omogućio da shvatimo da postoje stvari koje se nikad ne mijenjaju, i da vječni svijet stvarno postoji. Stvari na ovoj zemlji se pohabaju i mijenjaju se kako vrijeme prolazi. Kada bismo imali samo takve stvari, bilo bi nam teško da svojim ograničenim znanjem shvatimo da postoji vječno nebo.

Zato nam je Bog dozvolio da znamo da postoje vječne stvari kroz ovo zlato koje se nikad ne mijenja. Na nama je da shvatimo da postoji nešto što se nikad ne mijenja i da imamo nadu za vječno nebo. Čisto zlato stoji za duhovnu vjeru koja se nikad ne mijenja. Zato, ako ste mudri, vi ćete pokušati da dostignete vjeru koja je kao nepromienljivo zlato.

Postoji mnogo stvari na nebu koje su napravljene od čistog zlata. Zamislite koliko bi mi zahvalni bili da samo gledamo u nebo napravljeno od čistog zlata, koje mi u ovom životu na ovoj zemlji smatramo najvrijednijim!

Ipak, oni nemudri cijene zlato samo kao način da povećaju ili prikažu svoje bogatstvo. Prema tome, oni se drže dalje od Boga i ne vole Ga, i oni će na kraju pasti u ognjeno jezero ili gorući sumpor u paklu, i vječno će se kajati govoreći: „Ja ne bih patio u paklu samo da sam smatrao vjeru isto toliko dragocijenom kao što sam zlato smatrao tako dragocijenim.“

Zato, nadam se da ćete vi biti mudri i da ćete posjedovati nebo tako što ćete pokušati da steknete nepromijenljivu vjeru a ne ovozemaljsko zlato koje ćete morati da ostavite onda kad vaš život na ovom svijetu dođe do kraja.

Drago kamenje stoji za Božju slavu i ljubav

Drago kamenje je čvrsto i ima veliki indeks prelamanja svjetlosti. Oni imaju i i isijavaju divne boje i svjetla. Pošto se ne proizvode puno, mnogo ljudi ih voli i smatra dragocijenim. Na nebu, Bog će obući one koji vjerom posjeduju nebo u finu tkaninu i ukrasiti ih mnogim dragim kamenjem kako bi izrazio Svoju ljubav.

Ljudi vole drago kamenje i pokušavaju da izgledaju ljepše ukrašavajuću se raznim nakitom. Koliko divno će biti kad vam Bog da mnogo blistavog dragog kamenja na nebu?

Neko će možda da pita: „Zašto nam treba drago kamenje na nebu?" Drago kamenje na nebu predstavlja Božju slavu, a količina dragog kamenja kojim je neko nagrađen predstavlja mjeru Božje ljubavi za tu osobu.

Na nebu ima mnogo dragog kamenja raznih vrsta i boja. Za dvanaest temelja Novog Jerusalima, tu je safir prozirne tamno plave boje; smaragd providno zelene boje; tamno crveni rubin i providno žućkasto zeleni hrizolit. Plavkasto zeleni beril nas podsjeća na čistu morsku vodu, a topaz ima blago narandžastu boju. Hrisopras je polu providno tamno zelen, a ametist ima svjetlo ljubičastu ili tamno purpurnu boju.

Osim ovih, postoji bezbroj dragog kamenja koje ima i daje divne boje poput jaspisa, kalcedona, sardoniksa i hijacinta. Svo ovo drago kamenje ima različita imena i značaj kao što i drago kamenje na ovom svijetu ima. Boje i imena svakog kamena su ukombinovani da pokažu dostojanstvo, ponos, vrijednost i slavu.

Kao što drago kamenje na ovoj zemlji pod različitim uglovima odašilje različitu boju, drago kamenje na nebu ima različita svjetla i boje, a drago kamenje u Novom Jerusalimu posebno sija i reflektuje dvostruka ili trostruka svjetla.

Vrlo očigledno, ovo drago kamenje je još ljepše van poređenja sa onim koje se može naći na ovoj zemlji zato što je Sam Bog izglačao rudu uz pomoć moći stvaranja. Zato je apostol Jovan rekao da je ljepota Novog Jerusalima kao ljepota najdragocijenijeg kamenja.

Takođe, drago kamenje u Novom Jerusalimu isijava još ljepša svjetla nego na drugim mjestima stanovanja zato što Božja djeca koja uđu u Novi Jerusalim potpuno dostižu Božje srce i Njemu daju slavu. Tako, i unutrašnjost i spoljašnjost Novog Jerusalima je ukrašena mnogim vrstama divnog dragog kamenja različitih boja. Ipak. ovo drago kamenje nije dato svima, nego kao nagrada u skladu sa svačijim djelima vjere na ovoj zemlji.

2. Zidovi Novog Jerusalima napravljeni od jaspisa

Otkrivenje Jovanovo 21:18 nam govori da su zidovi Novog Jerusalima „napravljeni od jaspisa." Možete li da zamislite kako grandiozni bi bili zidovi Novog Jerusalima napravljeni cijelom dužinom od jaspisa?

Jaspis stoji za duhovnu vjeru

Jaspis je na ovoj zemlji obično čvrst i neproziran kamen. Njegove boje variraju, počev od zelene, crvene do žućkasto zelene. Neke od njegovih boja su mješavina ili neke imaju tačkice. Čvrstina se razlikuje u zavisnosti od boje. Jaspis je relativno jeftin i neki je lako lomljiv, ali nebeski jaspis koji je napravio Bog, se nikad ne mijenja ili lomi. Nebeski jaspis ima plavičasto bijelu boju i providan je tako da izgleda kao da gledate u masu čiste vode. Iako ne može biti upoređen sa bilo čim na ovoj zemlji, sličan je briljantnim, plavičastim sunčevim zracima koji sa odbijaju od talasa na okeanu.

Ovaj jaspis stoji za duhovnu vjeru. Vjera je najbitniji i osnovni element u vođenju hrišćanskog života. Bez vjere ne možete ni primiti spasenje ni udovoljiti Bogu. Šta više, bez vjere kojom udovoljavate Bogu, vi ne možete da uđete u Novi Jerusalim.

Zbog toga, grad Novi Jerusalim je napravljen sa vjerom, a dragi kamen koji može da izrazi boju ove vjere je jaspis. Zato su zidovi Novog Jerusalima napravljeni od jaspisa.

Ako nam Biblija govori: „Zidovi Novog Jerusalima su napravljeni sa vjerom," da li bi ljudi bili sposobni da razumiju takvu izjavu? Naravno da to ne može biti shvaćeno ljudskim umom i bilo bi veoma teško za ljude da čak i pokušaju da zamisle kako je lijepo ukrašen Novi Jerusalim.

Zidovi napravljeni od jaspisa jasno sijaju svjetlošću Božje slave i ukrašeni su raznim šarama i mustrama.

Grad Novi Jerusalim je remek djelo Boga Stvoritelja i mjesto za vječni odmor najboljeg ploda proizašlog iz 6000 godina ljudske kultivisanja. Koliko veličanstven, divan i briljantan može biti grad?

Moramo da shvatimo da je Novi Jerusalim napravljen sa najboljom tehnologijom i opremom čiju mehaniku mi ne možemo čak ni da razumijemo.

Iako su zidovi providni, unutrašnjost nije vidljiva od spolja. Međutim, ovo ne znači da će se ljudi u gradu osjećati kao da su sputani unutar gradskih zidova. Stanovnici Novog Jerusalima mogu da iznutra vide van grada, pa izgleda kao i da nema zidova. Kako čudesno će to biti!

3. Napravljen od čistog zlata kao providno staklo

Kasniji deo Otkrivenja Jovanovog 21:18 kaže: „*Grad zlato čisto, kao čisto staklo.*" Razmotrimo sada karakteristike zlata kako bi sebi pomogli da zamislimo Novi Jerusalim i shvatimo njegovu ljepotu.

Čisto zlato ima nepromjenljivu vrijednost

Zlato ne oksidiše na vazduhu ili u vodi. Ono se ne mijenja tokom vremena i nema hemijskih reakcija sa drugim suptancama. Zlato uvek održava istu, divnu blistavost. Ovozemaljsko zlato je previše meko, pa moramo da pravimo legure; na nebu, zlato nije toliko meko. Takođe, zlato ili drugi dragulji na nebu daju drugačije boje i imaju drukčiju čvrstoću nego oni koji se nalaze na zemlji, zato što primaju svjetlost Božje slave.

Čak i na ovoj zemlji, elegancija i vrijednost dragulja razlikuju se u odnosu na vještine i tehnike majstora. Koliko vrijedni i divni će biti dragulji u Novom Jerusalimu budući da ih je dodirivao i klesao Sam Bog?

Ne postoji pohlepa ili želja za lijepim i dobrim stvarima na nebu. Na zemlji ljudi su skloni da vole nakit zbog njegove raskoši i isprazne slave, ali na nebu oni duhovno vole dragulje zato što znaju duhovno značenje svakog od njih i što opažaju ljubav Božju koji je pripremio i ukrasio nebo divnim draguljima.

Bog je napravio Novi Jerusalim od čistog zlata

Zašto je, onda, Bog napravio grad Novi Jerusalim od čistog zlata koje je čisto kao staklo? Kao što je ranije objašnjeno, čisto zlato duhovno stoji za vjeru, nadu koja je rođena vjerom, plodnošću, čašću i autoritetom. „Nada rođena vjerom" znači da možete primiti spasenje, nadu za Novi Jerusalim, odagnati svoje grijehove, nastojati da posvetite sebe i radujete se nagradama sa nadom zato što imate vjeru.

Zato, Bog je napravio ovaj grad od čistog zlata da bi oni koji sa strasnom nadom uđu u njega zauvijek bili ispunjeni zahvalnošću i srećom.

Otkrivenje Jovanovo 21:18 nam kaže da je Novi Jerusalim „kao čisto staklo." To je da bi izrazilo koliko je prizor Novog Jerusalima čist i lijep. Zlato na nebu je je čisto i neokaljano kao staklo, a ne kao neprovidno zlato na ovoj zemlji.

Novi Jerusalim je čist i lijep, i bez ikakve mrlje zato što je napravljen od čistog zlata. Zato je apostol Pavle napomenuo da je grad kao „*čisto zlato, kao čisto staklo.* "

Pokušajte da zamislite grad Novi Jerusalim napravljen od čistog, finog zlata i mnogo vrsta divnog dragog kamenja raznih boja.

Nakon prihvatanja Gospoda, ja sam smatrao zlato ili drago kamenje običnim kamenjem i nikad nisam želio da ih posjedujem. Ja sam bio pun nade za nebo i nisam volio stvari ovoga svijeta. Ipak, kada sam se molio da saznam o nebu, Gospod mi je rekao: „*Na nebu je sve napravljeno od predivnog dragog kamenja i zlata; ti treba ovo da voliš.* " On nije mislio da ja treba da počnem da skupljam zlato i drago kamenje. Umjesto toga, trebalo je da shvatim Božje proviđenje i duhovni značaj dragulja i volim ih onako kako je Bog video da se to uklapa.

Ja vas podstičem da *duhovno volite* zlato i drago kamenje. Kada vidite zlato, vi možete da pomislite: „Ja treba da imam vjeru kao čisto zlato." Kad vidite drugo različito drago kamenje, vi možete da se nadate nebu, govoreći: „Koliko lijepa će biti moja kuća na nebu?"

Ja se molim u ime Gospoda Isusa Hrista da vi posjedujete nebesku kuću napravljenu od nepromjenljivog zlata i veličanstvenih dragulja postizanjem vjere kao čisto zlato i trčanjem prema nebu.

Poglavlje 5

Značaj dvanaest temelja

1. Jaspis: Duhovna vjera

2. Safir: Ispravnost i neporočnost

3. Kalcedon: Nevinost i požrtvovana ljubav

4. Smaragd: Pravednost i čistota

5. Sardoniks: Duhovna vjernost

6. Sard: Strastvena ljubav

7. Hrizolit: Milost

8. Beril: Strpljenje

9. Topaz: Duhovna dobrota

10. Hrizopras: Samokontrola

11. Cirkon: Čistota i svetost

12. Ametist: Ljepota i nježnost

Apostol Jovan je detaljno pisao o dvanaest temelja. Zašto je Jovan napravio tako temeljan izvještaj o Novom Jerusalimu? Bog želi da Njegova djeca posjeduju vječni život i iskrenu vjeru tako što će znati o duhovnom značaju dvanaest temelja Novog Jerusalima.

Zašto je, onda, Bog napravio dvanaest temelja sa dvanaest dragocijenih kamenova? Kombinacija dvanaest dragocijenih kamenova predstavlja srce Isusa Hrista i Boga, vrhunac ljubavi. Ipak, ako razumijete duhovni značaj svakog od dvanaest dragocenih kamenova, moći ćete da lako razaznate koliko vaše srce liči srcu Isusa Hrista, i koliko ste kvalifikovani da uđete u Novi Jerusalim.

Dozvolite nam da sada ispitamo dvanaest dragocijenih kamenova i njihov duhovni značaj.

1. Jaspis: Duhovna vjera

Jaspis, prvi temelj zidova Novog Jerusalima, označava duhovnu vjeru. Vjera generalno može biti podjeljena na „duhovnu vjeru" i „tjelesnu vjeru." Dok je tjelesna vjera ona vjera koja je ispunjena samo znanjem, duhovna vjera je vjera praćena djelom koje dolazi iz dubina srca pojedinca. Ono što Bog želi nije tjelesna, već duhovna vjera. Ako nemate duhovnu vjeru, vaša „vjera" ne može biti praćena djelom, i vi ne možete ni da udovoljite Bogu, ni da uđete u Novi Jerusalim.

Duhovna vjera je osnova hrišćanskog života

„Duhovna vjera" se odnosi na vrstu vjere sa kojom čovijek može da vjeruje cijeloj Riječi Božjoj duboko u svom srcu. Ako imate ovu vrstu vjere koja je praćena djelima, vi ćete pokušati da budete posvećeni i trčaćete ka Novom Jerusalimu. Duhovna vjera je najvažniji elemenat u vođenju hrišćanskog života. Bez vjere, vi ne možete biti spašeni, ne možete primiti odgovore na vaše molitve, ili imati nadu za nebo.

Poslanica Jevrejima 11:6 nas podsjeća: *„A bez vjere nije moguće ugoditi Bogu; jer onaj koji hoće da dođe k Bogu, valja da vjeruje da ima Bog i da plaća onima koji Ga traže."* Ako imate iskrenu vjeru, vi ćete vjerovati u Boga koji vas nagrađuje, i onda možete bitri vjerni, možete da se borite protiv grijehova, da ih odbacite i da hodate uskim putem. I vi ćete moći da usrdno činite dobro i uđete u Novi Jerusalim prateći Svetog Duha.

Dakle, vjera je osnova hrišćanskog života. Baš kao što i zgrada ne može bitri sigurna bez čvrstog temelja, vi ne možete da vodite dosledan hrišćanski život bez čvrste vjere. Zato nas Judina Poslanica 1:20-21 podstrekava: *„A vi, ljubazni, naziđujte se svojom svetom vjerom, i molite se Bogu Duhom Svetim, i sami sebe držite u ljubavi Božjoj, čekajući milost Gospoda našeg Isusa Hrista za život vječni."*

Avram, otac vjere

Najbolja Biblijska ličnost u nepromjenljivom vjerovanju Riječi Božjoj i potpunom pokazivanju djela povinovanja je Avram. On je bio nazvan „Ocem vjere" zato što je nepromjenljivo pokazao savršena djela vjere.

On je dobio riječ velikog blagoslova od Boga kada je imao 75 godina. To je bilo obećanje da će Bog napraviti veliki narod kroz Avrama, a Avram će biti izvor blagoslova. On je vjerovao u ovu riječ i ostavio je svoj rodni grad, ali više od 20 godina nije mogao da ima sina koji će postati nasljednik.

Toliko mnogo je vremena prošlo da su oboje Avram i njegova supruga Sara postali suviše stari da bi imali dijete. Čak i u ovakvoj situaciji, Poslanica Rimljanima 4:19-20 govori: *„ On se ne pokoleba u nevjerovanju. "* On je ojačao u vjeri, i vjerovao je potpuno u Božje obećanje; tako da je dobio svog sina Isaka u 100-toj godini.

Ali bila je još jedna prilika gdje je Avramova vjera rasipala svoju svjetlost čak i još blistavije. To je bilo kada je Bog zapovijedio Avramu da ponudi svog jedinog sina Isaka, kao žrtvu. Avram nije sumnjao u Reč Božju govoreći da da će mu Bog dati nebrojane potomke kroz Isaka. Zato što je imao čvrstu vjeru u Riječ Božju, on je mislio da će Bog oživjeti Isaka, čak iako ga ponudi kao ognjenu žrtvu.

Zbog toga se on odmah povinovao Riječi Božjoj. Kroz ovo, Avram je bio više nego kvalifikovan da postane otac vjere. Takođe, kroz Avramove potomke, formiran je narod Izraela. To znači da se plod njegove vjere obilno otjelotvorio.

Pošto je vjerovao Bogu i Njegovoj Riječi, on se povinovao kako mu je bilo rečeno. Ovo je primjer duhovne vjere.

Apostol Petar je primio ključeve nebeskog kraljevstva

Uzmimo u obzir jednog pojedinca koji je imao ovakvu duhovnu vjeru. Kakvu vjeru je apostol Petar imao, da je njegovo ime zapisano na jednom od temelja Novog Jerusalima? Čak i prije nego što je pozvan kao učenik, mi znamo da se Petar povinovao Isusu; na primjer, kada mu je Isus rekao da ispusti mrežu za hvatanje ribe, on je to odmah učinio (Jevanđelje po Luki 5:3-6). Takođe, kada mu je Isus rekao da dovede magaricu i njeno mladunče, on se odmah povinovao sa vjerom (Jevanđelje po Mateju 21:1-7). Petar se povinovao kada mu je Isus rekao da ode na jezero, uhvati ribu, i uzme novčić iz nje (Jevanđelje po Mateju 17:27). Šta više, on je hodao po vodi kao Isus, iako je to bilo samo na momenat. Možemo da imamo predstavu da je Petar imao ogromnu vjeru.

Kao rezultat, Isus je smatrao Petrovu vjeru pravednom i dao mu je ključeve nebeskog kraljevstva tako da sve što je garantovao na zemlji bude garantovano i na nebu, a sve što je oslobodio na zemlji da bude oslobođeno i na nebu (Jevanđelje po Mateju 16:9). Petar je stekao još savršeniju vjeru pošto je primio Svetog Duha, smjelo je svjedočio Isusu Hristu, i žrtvovao se za kraljevstvo Božje do kraja svog života sve dok nije postao mučenik.

Mi bi trebalo da napredujemo ka nebu na način na koji je Petar činio, da slavimo Boga, i da posjedujemo Novi Jerusalim sa vjerom koja udovoljava Njemu.

2. Safir: Ispravnost i neporočnost

Safir, drugi temelj zidova Novog Jerusalima, odaje providnu, tamnu, plavu boju. Šta, onda, duhovno znači safir? On stoji za ispravnost i neporočnost same istine, koja stoji čvrsto protiv svih iskušenja ili pretnji ovog svijeta. Safir je kamen koji stoji za svjetlost istine koja nastavlja da bez promjena ide pravo, i za „pravedno srce" koje cijelu Božju volju smatra ispravnom.

Danilo i njegova tri prijatelja

Pravi pimjer duhovne ispravnosti i neporočnosti u Bibliji se nalazi kod Danila i njegova tri prijatelja—Sedraha, Misaha i Avdenaga. Danilo nije pravio nagodbe ni sa čim što nije bilo u skladu sa Božjom pravednošću, čak iako je to bilo naređenje njegovog kralja. Danilo se čvrsto pridržavao svoje ispravnosti pred Bogom sve dok nije bio bačen u lavlji kavez. Bog je bio tako zadovoljan neporočnošću Danilove vjere da je On zaštitio Danila tako što je poslao Svog anđela da zatvori usta lavovima, i dozvolio mu da mnogo slavi Boga.

U Danilu 3:16-18 čitamo da su Danilova tri prijatelja svojim ispravnim srcima takođe bili privrženi vjeri sve dok nisu bili bačeni u plamenu peć. Kako ne bi učinili grijeh obožavanja idola, oni su smjelo priznali sljedeće pred kraljem:

O Navuhodonosoru, nije nam potrebno da ti odgovorimo na to. Evo, Bog naš, kome mi služimo, može nas izbaviti iz peći ognjene užarene; i izbaviće nas iz tvojih ruku care. A i da ne bi, znaj, care, da

*bogovima tvojim nećemo služiti niti ćemo se pokloniti
zlatnom liku, koji si postavio.*

Na kraju, čak iako su bili stavljeni u vatrenu peć koja je bila sedam puta vrelija nego obično, Danilova tri prijatelja nisu bili ni malo opečeni zato što je Bog bio sa njima. Koliko nevjerovatno je bilo to da čak ni jedna dlaka sa njihove glave nije bila oprljena, niti je bilo imalo mirisa vatre na njima! Kralj koji je bio svjedok svemu ovome, slavio je Boga, i unapredio je Danilova tri prijatelja.

Treba da tražimo sa vjerom, bez ikakve sumnje

Jevanđelje po Jakovu 1:6-8 nam govori koliko mnogo Bog mrzi neiskrena srca:

Ali neka ište s vjerom, ne sumnjajući ništa; jer koji se sumnja on je kao morski valovi, koje vjetrovi podižu i razmeću. Jer takav čovjek neka ne misli da će primiti šta od Boga, koji dvoumi nepostojan je u svima putevima svojim.

Ako nemamo iskrena srca i sumnjamo u Boga čak i malo, onda smo mi dvolični. Oni koji sumnjaju su skloni tome da mogu biti uzdrmani ovozemaljskim iskušenjima zato što su nepažljivi i podmukli. Šta više, oni koji su „dvolični" ne mogu da vide Božju slavu zato što oni ne mogu ili da pokažu svoju vjeru ili da se povinuju. Zbog toga nas podsjećaju u Poslanici Jakovljevoj 1:7: *„jer takav čovjek neka ne misli da će primiti šta od Gospoda."*

Odmah nakon osnivanja moje crkve, moje tri kćeri skoro da su umrle od trovanja ugljen monoksidom. Ipak, ja se nisam brinuo nimalo i čak nisam ni pomislio da ih vodim u bolnicu zato što sam potpuno vjerovao u svemogućeg Boga. Jednostavno sam stao za oltar i kleknuo sam da bih se molio u zahvalnosti. Nakon toga, molio sam se u vjeri: „Naređujem ti u ime Isusa Hrista! Otrovni gasu, odlazi!" Onda su moje ćerke, koje su bile bez svjesti, odmah ustale jedna za drugom kao što sam se ponaosob za svaku od njih molio. Jedan broj crkvenih članova koji su bili svjedoci ovoga su bili vrlo zapanjeni i radosni, i veoma su slavili Boga.

Ako imamo vjeru koja nikada ne pravi kompromis sa ovom svijetom i iskrena srca koja udovoljavaju Bogu, možemo da bezgranično slavimo Njega i vodimo blagoslovene živote u Hristu.

3. Kalcedon:
Nevinost i požrtvovana ljubav

Kalcedon, treći temelj zidova Novog Jerusalima, duhovno simbolizuje nevinost i požrtvovanu ljubav.

Nevinost je stanje čistote i neukaljanosti u djelu i srcu bez grešaka. Kada je čovjek sposoban da se žrtvuje sa ovom čistotom srca, to je duhovno srce sadržano u kalcedonu.

Požrtvovana ljubav je vrsta ljubavi koja nikada ništa ne taži zauzvrat ako je to za pravednost i za kraljevstvo Božje. Ako čovjek ima požrtvovanu ljubav, on će biti zadovoljan samo činjenicom da voli druge u bilo kojim situacijama i neće tražiti ništa zauzvrat. Ovo je zato što požrtvovana ljubav ne teži nečijoj ličnoj koristi, već samo dobrobiti drugih.

Kod tjelesne ljubavi, međutim, čovjek će se osjećati prazno, tužno i slomljenog srca ako mu ljubav nije uzvraćena zato što je ova vrsta ljubavi u suštini sebična. Zato, čovjek sa tjelesnom ljubavi bez požrtvovanog srca može na kraju da mrzi druge ili da postane neprijatelj sa onima sa kojima je bio blizak.

Zato treba da shvatimo da je iskrena ljubav ljubav prema Gospodu koji je volio cijelo čovječanstvo i postao žrtva za iskupljenje.

Požrtvovana ljubav koja ništa ne traži za uzvrat

Naš Gospod Isus, pošto je po samoj suštini Bog, napravio je Sebe u ništa, unizio je Sebe i došao na ovu zemlju u tijelu da spasi cijelo čovječanstvo. On je rođen u štali i položen je u jasle da spasi ljude koji su kao životinje, i živio je siromašno cijelog života da nas spasi siromaštva. Isus je liječio bolesne, jačao slabe, dao nadu za beznadežnima, i bio prijatelj zanemarenima. On je nama pokazao samo dobrotu i ljubav, ali su Ga zbog toga, sa krunom od trnja na Njegovoj glavi, ismevali, šibali i na kraju razapeli, oni zli koji nisu razumijeli da je On došao kao naš Spasitelj.

Isus, čak i dok je patio od bola zbog razapeća, molio se u ljubavi Bogu Ocu za one koji su Ga ismevali i razapeli. On je bio nevin i besprijekoran, ali žrtvovao je Sebe za ljudska bića koji su grešnici. Naš Gospod je dao ovu požrtvovanu ljubav cijelom čovječanstvu i želi da se svi međusono vole. Otuda, mi, koji smo primili ovu vrstu ljubavi od Gospoda, ne treba da želimo niti da očekujemo ništa zauzvrat ako zaista volimo druge.

Rut koja je pokazala požrtvovanu ljubav

Rut nije bila Izraelka, već žena Moabita. Ona se udala za Naomijinog sina, koja je došla u zemlju Moab da bi pobjegla od gladi u Izraelu. Naomi je imala dva sina, i obojica su bili oženjeni ženama Moabita. Ali oba njena sina su tamo umrla.

Pod ovim uslovima, kada je Naomi čula da je glad u Izraelu završena, ona je željela da se vrati u Izrael. Naomi je predložila njenim snajama da bi trebale da ostanu u Moabu, njihovoj rodnoj zemlji. Jedna od njih je prvo odbila, ali konačno se poslije vratila svojim roditeljima. Ali Rut je insistirala da prati svoju svekrvu.

Da Rut nije imala požrtvovanu ljubav, ona to ne bi mogla da učini. Rut je morala da pomaže svojoj svekrvi zato što je bila veoma stara. Šta više, ona je namjeravala da živi u zemlji koja joj je totalno bila strana. Za nju nije bilo nagrade, iako je veoma dobro služila svoju svekrvu.

Rut je poklazala požrtvovanu ljubav prema svojoj svekrvi sa kojom nije imala nikakvo krvno srodstvo i koja joj je stoga bila kao potpuni stranac. To je bilo tako zato što je Rut vjerovala u Boga u koga je i njena svekrva vjerovala. To znači da Rutina požrtvovana ljubav nije došla samo od osjećanja odgovornosti. To je bila duhovna ljubav koja je proizišla iz vjere u Boga.

Rut je došla u Izrael sa svekrvom i radila je veoma naporno. Danju je sakupljala na poljima da bi nakupila hranu i služila svoju svekrvu sa tim. Naravni da je tamo ovo istinsko djelo dobrote postalo dobro poznato ljudima. Konačno, Rut je dobila mnogo blagoslova kroz Boaza, koji je bio rođak-iskupitelj među rođacima njene svekrve.

Mnogi ljudi misle da će, ako se pokore i žrtvuju se, i njihova vrijednost opasti. Zbog toga oni ne mogu da žrtvuju sebe ili da se pokore. Ali oni koji se sa čistim srcem žrtvuju bez sebičnih razloga, biće otkriveni pred Bogom i ljudima. Dobrota i ljubav će sijati za druge kao duhovna svjetla. Bog upoređuje svjetlo ove požrtvovane ljubavi sa svjetlom kalcedona, trećim kamenom temeljcem.

4. Smaragd: Pravednost i čistota

Smaragd, četvrti temelj zidova Novog Jerusalima, je zelen i simbolizuje ljepotu i nježno zelenilo prirode. Smaragd duhovno simbolizuje pravednost i čistotu i stoji za plod svjetlosti kao što je zapisano u Poslanici Efežanima 5:9: *„Jer je rod duhovni u svakoj dobroti i pravdi i istini.“* Boja koja ima harmoniju *„sve dobrote i pravednosti i istine“* je ista kao i duhovna svjetlost smaragda. Samo kada imamo svu dobrotu, pravednost i istinu mi možemo da imamo iskrenu pravednost u Božjim očima.

Ne može da postoji samo dobrota bez pravednosti ili samo pravednost bez dobrote. A dobrota i pravednost moraju biti iskreni. Istina je nešto što se nikada ne mijenja. Zato, čak iako imamo dobrotu i pravednost, to je beznačajno bez iskrenosti.

„Pavednost“ koju Bog priznaje je odbacivanje grijehova, potpuno izvršavanje zapovjesti iz Biblije, čišćenje sebe od svih vrsta nepravednih stvari, biti odan cijelim svojim životom, i tome slično. Takođe, težiti za Božjim kraljevstvom i pravednošću po Božjoj volji, ispravna i disciplinovana djela, ne skretati od pravde, stojati čvrsto u pravednosti, i sve ostalo pripada „pravednosti" koju Bog priznaje.

Bez obzira koliko smo blagi ili dobri, mi nećemo da uberemo plodove svjetlosti ako nismo pravedni. Pretpostavimo da neko uhvati vašega oca za gušu i vređa ga mada je nevin. Ako ćutite i gledate kako vaš otac pati, to ne možemo nazvati stvarnom pravednošću; za vas se ne može reći da izvršavate vašu dužnost kao sin prema ocu.

Zato, dobrota bez pravednosti nije duhovna „dobrota" u Božjim očima. Kako podmukao i neodlučan um može biti dobar? I obrnuto, ni pravednost bez dobrote ne može biti „pravednost" u Božjim očima već samo u nečijeg ličnom pogledu.

Davidova pravednost i čistota

David je bio drugi kralj Izraela, odmah poslije Saula. Kada je Saul bio kralj, Izrael se borio protiv Filistinaca. David je udovoljio Bogu svojom vjerom i pobjedio je Golijata. Kroz ovo, Izrael je odneo pobjedu.

I kada su ljudi voljeli Davida poslije ovoga, Saul je iz ljubomore pokušavao da ubije Davida. Saul je već bio odbačen od Boga zbog svoje arogancije i nepokornosti. Bog je obećao da će postaviti Davida za kralja umjesto Saula.

U ovoj situaciji, David se sa dobrotom ophodio prema Saulu, pravedno i iskreno. Pošto je bio nevin, David je stalno morao da beži od Saula koji je duže vrijeme pokušavao da ga ubije. Jedan put, David je imao dobru priliku da ubije Saula. Ratnici koji su bili sa Davidom bili su srećni i željeli su da ubiju Saula, ali David ih je spriječio da ga ubiju.

1. Knjiga Samuelova 24:6 kaže: „*I reče [David] svojim ljudima: 'Ne dao Bog da to učinim gospodaru svom, pomazaniku Gospodnjem, da podignem ruku svoju na nj. Jer je pomazanik Gospodnji.'*"

Čak iako je Saul bio odbačen od Boga, David nije mogao da povrijedi Saula, koji je bio pomazan od Boga kao kralj. Pošto je to bila Božja vlast da Saul živi ili umre, David nije išao van svojih moći. Bog kaže da je ovo srce Davidovo pravedno.

Njegova pravednost je bila otkrivena zajedno sa dirljivom dobrotom. Saul je pokušao da ga ubije, ali David je poštedeo Saulov život. Ovo je tako velika dobrota. On nije uzvratio zlom za zlo, već je samo vratio dobrim rokečima i djelima. Ova dobrota i pravednost je bila iskrena, što znači da dolazi iz same istine.

Kada je Saul saznao da mu je David poštedeo život, on je bio dirnut tom dobrotom i činilo se da se njegovo srce promokenilo. Ali uskoro je opet promokenio mišljenje, i ponovo je pokušao da ubije Davida. David je još jednom imao šansu da ubije Saula, ali kao i ranije ostavio je Saula da živi. David je bez mokenjanja pokazao dobrotu i pravednost koju Bog cokenio.

Onda, da je David ubio Saula u prvoj prilici, da li je mogao da postane kralj ranije bez da prođe kroz toliko mnogo patnje?

Naravno da je mogao. Čak iako moramo da prođemo kroz mnoge teškoće i iskušenja u stvarnosti, mi treba da imamo srce da izaberemo pravednost Božju. I, ako nas Bog jednom prizna kao pravedne, biće drukčiji nivo kojim nas Bog obezbkeđuje.

David nije ubio Saula sopstvenom rukom. Saul je bio ubijen od ruku nejevreja. I kako mu je Bog potvrdio, David je postao kralj Izraela. Šta više, nakon što je David postao kralj, on je mogao da stvori veoma jak narod. Najosnovniji razlog za to je što je Bog bio veoma zadovoljan pravednim i čistim srcem Davidovim.

Na isti način, mi moramo da budemo harmonični i savršeni u dobroti, pravednosti i istini kako bi mogli da beremo plodove svjetlosti u izobilju-plod smaragda, četvrtog temelja, i odajemo miomiris pravednosti koji udovoljava Bogu.

5. Sardoniks: Duhovna vjernost

Sardoniks, peti temelj zidova Novog Jerusalima, duhovno simbolizuje odanost. Ako radimo samo ono što bi trebali da radimo, mi ne možemo da kažemo da smo odani. Možemo da kažemo da smo odani kada učinimo više od onoga što bi trebalo da uradimo. Da činimo više od onoga što nam je dato kao zadatak, mi ne možemo biti lenji. Mi moramo da budemo marljivi i vrijedni u svim stvarima u obavljanju naših zadataka i onda moramo da učinimo i više od toga.

Recimo da ste zaposleni. Onda, ako samo radite dobro vaš posao, možemo li da kažemo da ste odani? Vi ste samo uradili ono štoje trebalo da radite, tako da ne možemo da kažemo da ste vrijedni i odani. Vi trebate da izvršite ne samo vama povjereni posao, već i da pokušate da svim srcem i mislima uradite stvari koje vam nisu prvobitno namjenjene. Samo tada neko može reći da ste odani.

Vrsta marljive odanosti koju priznaje Bog je da izvršite svoju dužnost svim srcem, mislima, dušom i životom. A ova vrsta odanosti mora da se ostvari u svim područjima: crkvi, radnom mjestu i porodici. Onda kažemo da ste odani u cijeloj Božjoj kući.

Biti duhovno odan

Da bi imali duhovnu odanost, mi prvo treba da imamo pravedno srce. Mi bi trebali da žudimo da kraljevstvo Božje bude uvećano, da se crkva preporodi i da raste, da radno mjesto bude uspješno i da naše porodice budu srećne. Ako ne težimo samo za našim potrebama, već želimo da drugi i da zajednica postanu uspješni, ovo znači da imamo pravedno srce.

Da bi bili odani, i uz to da posjedujemo ovakvo ispravno srce, mi bi trebalo da imamo i požrtvovano srce. Ako samo mislimo: „Najvažnija stvar je moje napredovanje, a ne da li raste crkva ili ne," mi vjerovatno nećemo da se žrtvujemo za crkvu. Mi ne možemo da pronađemo odanost kod ovakve osobe. Takođe, Bog ne može da kaže da je ovakvo srce pravedno.

Uz ovu pravednost, ako imamo i požrtvovano srce, mi ćemo odano raditi na spasenju duša i crkve. Čak iako nemamo posebnu dužnost, mi ćemo revnosno propovjedati jevanđelje. Čak iako niko ne traži od nas da to uradimo, mi ćemo brinuti o drugim dušama. Mi ćemo takođe žrtvovati naše slobodno vrijeme za zbrinjavanje duša. Mi ćemo takođe potrošiti naš sopstveni novac za korist drugih duša i dati im svu našu ljubav i odanost.

Kako bi bili odani u svim aspektima, mi bi trebalo takođe da imamo dobrotu u srcima. Oni koji su dobrog srca neće se priklanjati samo jednoj ili drugoj strani. Ako smo zanemarili određenu stavku, mi se nećemo osjećati lagodno u vezi sa tim, ako imamo dobrotu u srcu.

Ako imate dobrotu u srcu, vi ćete biti odani u svim dužnostima koje imate. Nećete zanemariti drugu grupu misleći: „Pošto sam ja vođa ove grupe, članovi one druge grupe će razumijeti zašto ja ne mogu da prisustvujem tom okupljanju.“ Unutar svoje dobrote možete osjetiti da ne trebate da zanemarite drugu grupu. Tako da, čak iako ne možete biti prisutni tom okupljanju, vi ćete uraditi nešto i brinuti se za i drugu grupu.

Značaj ovakvog stava će varirati zavisno od značaja dobrote koju imate. Ako imate malo dobrote, vi nećete baš brinuti za drugu grupu. Ali ako imate veću dobrotu, nećete samo ignorisati neke događaje koji uznemiravaju vaše srce. Vi znate koja djela su djela dobrote, i ako ne ispunjavate tu dobrotu, biće vam teško da je održite. Vi ćete imati mir samo ako činite djela dobrote.

Oni koji su dobri u srcu uskoro će biti uznemireni u srcu ako ne rade ono što bi trebali da rade u određenim okolnostima, bilo da je to na radnom mjestu ili kod kuće. Oni čak i ne daju izvinjenja da situacija to nije dozvolila.

Na primjer, recimo da postoji žena članica koja ima mnogo titula u crkvi. Ona provodi mnogo vremena u crkvi. Onda, relativno govoreći, ona provodi manje vremena sa suprugom i djecom nego što je to ranije činila.

Ako je ona zaista dobra u srcu i odana u svim aspektima, pošto se period vremena umanjio, ona mora da svom suprugu i djeci pruži mnogo više ljubavi i pažnje. Ona mora da da sve od sebe u svim aspektima i u svim vrstama poslova.

Onda će ljudi iz njene okoline moći da osjete iskreni miris njenog srca i biće zadovoljni. Pošto osjećaju dobrotu i iskrenu ljubav, oni će pokušati da je razumiju i da joj pomognu. Kao rezultat, ona će imati sa svakim mir. Ovo je biti odan dobrog srca u cijeloj Božjoj kući.

Kao Mojsije koji je bio vjeran u cijeloj Božjoj kući

Mojsije je bio prorok kojeg je Bog toliko cijenio da je razgovarao sa njim licem u lice. Mojsije je potpuno izvršavao sve svoje dužnosti da ispuni djela koja mu je Bog zapovijedio, ne misleći mnogo na sopstvene teškoće. Ljudi Izraela su se stalno žalili i bili su neposlušni kada bi se suočili sa malim teškoćama čak iako su bili svjedoci i iskusili su čuda i znakove Božje, ali Mojsije ih je neprestano vodio u vjeri i ljubavi. Čak i kada je Bog bio ljut na narod Izraela zbog njihovih grijehova, Mojsije ih nije napustio. On se okrenuo ka GOSPODU, i rekao mu je kao što slijedi:

> *Molim Ti se; narod ovaj ljuto sagriješi načinivši sebi bogove od zlata. Ali oprosti im grijeh: Ako li nećeš, izbriši me iz knjige Svoje, koju si Ti napisao!*
> (Izlazak 32:31-32)

On je postio u ime ljudi, rizikujući svoj život, i bio je odan više nego što je Bog očekivao. Zbog toga je Bog priznao i štitio Mojsija, govoreći mu: *„On je vjeran u svem domu Mom"* (Brojevi 12:7).

Štaviše, odanost koju sardoniks simbolizuje je biti vjeran čak i do same smrti, kao što opisuje Otkrivenje Jovanovo 2:10. To je moguće samo kada prvo volimo Boga. To znači dati sav naš novac i vrijeme, i čak život, i raditi čak i više nego što bi trebalo da radimo svim našim srcem i mislima.

U starim vremenima, bilo je odanih slugu koji su pomagali kralju i bili odani svojoj naciji, čak i do tačke žrtvovanja svojih sopstvenih života. Ako bi kralj bio tiranin, stvarno odani sluge bi savjetovali kralja da ide pravim putem, čak iakoje to lako moglo da dovede do žrtvovanja njihovog života. Oni su mogli biti protjerani ili čak ubijeni, ali su bili odani zato što su voljeli kralja i narod čak iako je ta ljubav iziskivala njihov život.

Mi moramo da volimo prvo Boga da bi učinili više nego što je traženo od nas, na način na koji su te odane sluge davale svoj život za narod, i na način na koji je Mojsije bio odan u cijeloj Božjoj kući da bi postigao kraljevstvo Božje i pravednost. Otuda, mi treba da se brzo očistimo od grijehova i da budemo odani u svim aspektima naših života kako bi bili kvalifikovani da uđemo u Novi Jerusalim.

6. Sard: Strastvena ljubav

Sard ima providnu, tamno crvenu boju i simbolizuje plameno sunce. To je šesti temelj zidova Novog Jerusalima i duhovno simbolizuje strast, entuzijazam i strastvenu ljubav u ispunjavanju Božjeg kraljevstva i pravednosti. To je srce da odano izvršavamo date zadatke i dužnosti svom svojom snagom.

Različiti nivoi strastvene ljubavi

Ima mnogo vrsta nivoa ljubavi i uopšteno, može biti podeljena na duhovnu ljubav i tjelesnu ljubav. Duhovna ljubav se nikada ne mijenja zato što je data od Boga, ali tjelesna ljubav se lako mijenja uglavnom zato što je sebična.

Bez obzira koliko iskrena ljubav svjetovnog čovjeka može da bude, ona nikada ne može biti duhovna ljubav, što je ljubav Gospodnja koja jedino može biti stečena u istini. Mi ne možemo da imamo duhovnu ljubav odmah kako prihvatimo Gospoda i doznamo istinu. Možemo da je steknemo samo kada dostignemo srce Gospodnje.

Da li vi imate ovu duhovnu ljubav? Možete da se preispitate uz definiciju duhovne ljubavi pronađenu u 1. Poslanici Korinćanima 13:4-7.

> *Ljubav dugo trpi, milokrvna je; ljubav ne zavidi; ljubav se ne veliča, ne nadima se; ne čini šta ne valja, ne traži svoje, ne srdi se, ne misli o zlu, ne raduje se nepravdi, a raduje se istini; sve snosi, sve vjeruje, svemu se nada, sve trpi.*

Na primjer, ako smo strpljivi ali sebični, ili ne se ljutimo lako ali smo grubi, mi još nemamo duhovnu ljubav o kojoj apostol Pavle piše; nama ne sme da promakne ni najmanja stvar da bi imali duhovnu ljubav.

Sa jedne strane, ako još imate osećaj samoće ili odbačenosti mada mislite da imate duhovnu ljubav, to je zato što ste očekivali nešto zauzvrat čak iako niste toga svjesni. Vaše srce još nije potpuno ispunjeno istinom duhovne ljubavi.

Sa druge strane, ako ste ispunjeni duhovnom ljubavlju, vi se nikada nećete osjećati usamljeno ili prazno, već ćete uvijek biti mili, srećni, i zahvalni. Duhovna ljubav raduje se davanju; što više date, to će vam biti milije, bićete zahvalniji i srećiniji.

Duhovna ljubav se raduje u davanju sebe

Poslanica Rimljanima 5-8 kaže: *„Ali Bog pokazuje svoju ljubav k nama što Hristos još kad bejasmo griješnici umre za nas.“*

Bog voli Isusa, Svog jednog i jedinog Sina, toliko mnogo zato što je Isus sama istina koja tačno liči na Samog Boga. I pored toga, On ipak daje Svog jednog i jedinog Sina kao žrtvu iskupljenja. Koliko je velika i dragocijena ljubav Božja!

Bog je demonstrirao Njegovu ljubav za nas žrtvujući Svog jednog i jedinog Sina. Zbog toga čitamo u 1. Poslanici Jovanovoj 4:16: *„I mi poznasmo i vjerovasmo ljubav koju Bog ima k nama. Bog je ljubav, i koji stoji u ljubavi, u Bogu stoji i Bog u njemu stoji.“*

Kako bi ušli u Novi Jerusalim, mi moramo da imamo Božju ljubav sa kojom možemo da žrtvujemo sebe, i koja se raduje u davanju kako bi mogli da izvedemo dokaz koji svjedoči o našem životu u Bogu.

Strastvena ljubav apostola Pavla za duše

Prava biblijska ličnost koja ima ovakvo, kao sard strastveno srce u samo-žrtvovanju za kraljevstvo Božje je apostol Pavle. Od vremena kada je sreo Gospoda sve do momenta svoje smrti, njegova djela ljubavi prema Gospodu nikada se nisu promijenile. Kao apostol nejevreja, on je spasio mnogo duša i osnovao mnogo crkava kroz tri misionarska putovanja. Sve dok nije postao mučenik u Rimu, on je neprestano svjedočio o Isusu Hristu.

Kao apostolu nejevreja, Pavlov put je bio vrlo težak i opasan. On je imao mnoge, po život opasne situacije i Jevreji su ga stalno progonili. Prebijali su ga i zatvarali, i tri puta je doživio brodolom. Hodao je neispavan, često je bio gladan i žedan i trpeo je i hladnoću i vrućinu. Tokom njegovih misonarskih putovanja, uvijek je bilo mnogo situacija koje čovjek teško može da podnese.

Ipak, Pavle nikada nije zažalio zbog svog izbora. On nikada nije imao trenutna razmišljanja kao: „To je teško i želim da se odmorim samo malo..." Njegovo srce se nikada nije kolebalo, i nikada se ničega nije plašio. Iako je prolazio kroz mnogo nevolja, njegova glavna briga je jedino bila crkva i vjernici.

To je kao što je priznao u 2. Poslanici Korinćanima 11:28-29: *„Osim što je spolja (što je uvijek bio izložen vanjskim uslovima), navaljivanje ljudi svaki dan, i briga za sve crkve. Ko oslabi, i ja da ne oslabim? Ko se sablazni, i ja da se ne raspalim?"*

Sve dok konačno nije predao i svoj sopstveni život, Pavle je pokazivao strast i revnost dok se trudio da spašava duše. Možemo da vidimo koliko strastvena je bila njegova želja za spasenjem duša u Poslanici Rimljanima 9:3, gdje čitamo: *„Jer bih želio da* *ja sam budem odlučen od Hrista za braću svoju koja su mi rod po tijelu.“*

Ovdje: „moja braća" nije samo njegovo krvno srodstvo. To se odnosilo na sve Izraelce, uključujući Jevreje koji su ga progonili. On je rekao da bi mogao da odabere i pakao samo da bi oni primili spasenje. Možemo da vidimo koliko je velika bila njegova strastvena ljubav prema dušama i kako je velika njegova revnost bila za njihovim spasenjem.

Ova strastvena ljubav za Gosapoda, revnost i nastojanje za spasenje drugih duša su predstavljeni crvenom bojom sarda.

7. Hrizolit: Milost

Hrisolit, sedmi temelj zidova Novog Jerusalima, je providni ili polu providni kamen koji daje žutu, zelenu, plavu i roze boju ili nekada se čini potpuno providnim.

Šta duhovno hrisolit simbolizuje? Duhovno značenje milosti je razumijeti u istini nekoga koga niko ne može razumijeti ni malo, i oprostiti u istini osobi kojoj uopšte ne može biti oprošteno. Razumijeti i oprostiti „u istini" je razumijeti i oprostiti sa ljubavlju u dobroti. Milost, sa kojom možemo druge zagrliti sa ljubavlju, je milost koju simbolizuje hrisolit.

Oni koji imaju ovu milost nemaju nikakvih predrasuda. Oni ne misle: „Ja njega ne volim zbog ovoga. Nju ne volim zbog toga." Oni nemaju averziju prema nekome i ne mrze nekoga. Naravno, oni ne gaje nikakvu mržnju.

Oni samo pokušavaju da posmatraju i razmišljaju o svemu na lijep način. Oni jednostavno svakoga grle. Tako da, čak i kada se suoče sa osobom koja je počinila ozbiljan grijeh, oni samo pokažu svoje samilost. Oni mrze grijeh, ali ne griješnika. Oni ga radije razumiju i grle. Ovo je milost.

Srce milosti otkriveno kroz Isusa i Stefana

Isus je pokazao svoju milost Judi Iskariotskom koji Ga je prodao. Isus je od početka znao da će Ga Juda Iskariotski izdati. Ipak, Isus ga nije isključio, ili ga držao na odstojanju. On nije ni imao averziju, niti ga je mrzio u Svom srcu. Isus ga je volio sve do samog kraja i On je dao Judi šansu da se preobrati. Ovo srce je milosrdno srce.

Čak i kad je Isus bio prikovan na krstu, On se nije žalio ili mrzio nikoga. On se radije molitvom zalagao za one koji su Mu zadavali bol i povrijede, kao što je zapisano u jevanđelju po Luki 23:34, gdje čitamo: *„Oče! Oprosti im; jer ne znadu šta čine. "*

Stefan je takođe imao ovakvu milost. Iako Stefan nije bio apostol, on je bio pun ljupkosti i moći. Zli ljudi su mu zavideli i konačno su ga kamenovali do smrti. Ali čak i dok su ga kamenovali, on se radije molio za one koji su ga ubijali. Zapisano je u Djelima Apostolskim 7:60: *„Onda kleče na koljena i povika glasno: 'Gospode, ne primi im ovo za grijeh.' I ovo rekavši umre. "*

Činjenica da se Stefan molio za one koji su ga ubijali dokazuje da je on njima već oprostio. On nije gajio nikakvu mržnju prema njima. To nam pokazuje da je on imao savršen plod milosti da saoseća sa ovim ljudima.

Ako među članovima vaše porodice, ili braći u vjeri, ili kolegama na poslu ima neko koga mrzite ili ga ne volite, ili ako ima neko za koga mislite: „Ne sviđa mi se njegov stav. On mi se uvijek suprostavlja, ne volim ga," ili ako ga samo ne volite i klonite se te osobe iz različitih razloga, koliko daleko je to od „milosti"?

Ne treba da imamo nekog koga ne volimo ili mrzimo. Trebalo da razumijemo, prihvatimo, i pokažemo dobrotu prema svakome. Bog Otac nam pokazuje ljepotu milosti pomoću dragog kamena, hrisolita.

Milosrdno srce koje grli sve

Šta je, onda, razlika između ljubavi i milosti?

Duhovna ljubav je samopožrtvovanje bez žudnje za sopstvenim interesima ili dobiti, bez traženja ičega zauzvrat, dok milost daje veću težinu praštanju i toleranciji. Drugim riječima, milost je srce koje razumije i ne mrzi čak i one koji ne mogu biti shvaćeni ili voljeni. Milost ne mrzi i ne prezire nikoga, već ohrabruje i teši druge. Ako imate ovakvo toplo srce, vi nećete ukazivati na tuđe mane i greške, već ćete ih umjesto toga zagrliti kako bi imali dobre odnose sa njima.

Kako, onda, treba da reagujemo prema zlim ljudima? Moramo da shvatimo da smo nekad svi bili zli, ali smo došli Bogu zato što nas je neko drugi vodio do istine u ljubavi i praštanju.

Takođe, kada dođemo u kontakt sa lažovima, mi često zaboravljamo da smo i mi nekada lagali u potrazi za svojom koristi, prije nego što smo vjerovali u Boga. Umjesto da izbegavamo takve ljude, mi treba da pokažemo našu milost kako bi oni mogli da se okanu od njihovih zlih puteva. Oni mogu da se promene i dođu do istine samo onda kada ih razumijemo i vodimo sa tolerancijom i ljubavlju sve dok ne shvate istinu. Isto tako, milost tretira svakoga isto bez predrasuda, ne vređajući nikoga, i pokušavajući da razumije sve na dobar način, sviđalo se to vama ili ne.

8. Beril: Strpljenje

Beril, osmi temelj zidova Novog Jerusalima, ima plavu ili tamno zelenu boju i podsjeća nas na plavo more. Šta beril duhovno simbolizuje? On simbolizuje strpljenje u svemu u ispunjavanju Božjeg kraljevstva i Njegove pravednosti. Beril znači postojanost u ljubavi, i ne uzvraćati mržnjom, svađom ili tučom čak i onima koji vas progone, kunu i mrze.

Jevanđelje po Jakovu 5:10 nas podstiče po sljedećem: *„Uzmite, braćo moja, za ugled stradanja proroke koji govoriše u ime Gospoda.“* Mi možemo da promijenimo druge kada smo strpljivi sa njima.

Strpljenje kao plod Svetog Duha i duhovne ljubavi

Mi možemo da pročitamo o strpljenju kao o jednom od devet plodova Svetog Duha u Poslanici Galaćanima 5, i kao o plodu ljubavi u 1. Poslanici Korićanima 13. Ima li razlike između strpljenja kao ploda Svetog Duha i strpljenja kao ploda ljubavi?

Sa jedne strane, strpljenje u ljubavi se odnosi na strpljenje potrebno da se podnese bilo kakav lični napor, kao što je biti strpljiv sa onima koji vas vrijeđaju ili mnoge teškoće sa kojima se susrećete u životu. Sa druge strane, strpljenje kao plod Svetog Duha se odnosi na strpljenje u istini i strpljenje pred Bogom u svemu.

Zato, strpljenje kao plod Svetog Duha ima šire značenje, uključujući strpljenje o ličnim potrebama i potrebama koje se odnose na kraljevstvo Božje i Njegovu pravednost.

Različite vrste strpljenja u istini

Strpljenje da se ispuni kraljevstvo i pravednost Božja može da se svrsta u tri vrste.

Prvo, postoji strpljenje između Boga i nas. Mi moramo da budemo strpljivi sve dok se Božje obećanje ne ispuni. Bog Otac je odan; jednom kada je On rekao nešto, On zasigurno to i čini bez izvrtanja. Dakle, ako smo primili obećanje od Boga, mi moramo biti strpljivi sve dok ono ne bude ispunjeno.

Takođe, ako pitamo Boga nešto, mi moramo da budemo strpljivi sve dok odgovor ne dođe. Neki vjernici kažu sljedeće: „Ja se molim cijelu noć, čak i postim, a ipak nema odgovora.“ Ovo je baš kao kad seljak posije sjeme i ubrzo prekopa zemlju zato što nema odmah ploda. Ako smo posijali sjeme, mi moramo da budemo strpljivi dok ono isklija, naraste, rascvjeta se i onda donese plod.

Seljak čupa korov i štiti usjev od štetnih insekata. On puno radi sa mnogo znoja da bi dobio dobar plod. Na isti način, da bi dobili odgovor za koji smo se molili, postoje stvari koje moraju bitri učinjene. Mi moramo da ispunimo odgovarajuću mjeru u skladu sa mjerom sedam Duhova – vjera, radost, molitva, zahvalnost, marljiva odanost, pridržavanje zapovijesti i ljubav.

Bog nam odmah odgovara samo ako ispunimo tražene vrijednosti u skladu sa mjerama za našu vjeru. Moramo da razumijemo da je vrijeme strpljenja sa Bogom vrijeme da se dobije savršeniji odgovor, i omogućava nam još veću radost i zahvalnost.

Drugo, postoji strpljenje između ljudi. Strpljenje duhovne ljubavi pripada strpljenju ove vrste. Treba nam strpljenje da bi voljeli neku osobu u svakoj vrsti ljudskih odnosa.

Treba nam strpljenje da vjerujemo u ma kog čovjeka, da izdržimo sa njim, i nadamo se da će on napredovati. Čak iako uradi nešto što je suprotno od onoga što smo očekivali, moramo da budemo strpljivi u svim stvarima. Mi moramo da razumijemo, da prihvatamo, opraštimo, popuštamo i budemo strpljivi.

Oni koji pokušavaju da evangelizuju mnogo ljudi vjerovatno su iskusili vrijeđanje i proganjanje. Ali ako su strpljivi u srcu, oni posjećuju te osobe ponovo sa osmijehom na svojim licima. Sa ljubavlju da se spasu ove duše, oni se raduju i zahvalni su, i nikada ne odustaju. Kada sa dobrotom i ljubavlju pokažu ovakvo strpljenje za osobu koja se evangelizuje, tama odlazi iz njega zbog svjetlosti, a čovijek može da otvori svoje srce, prihvati ga i primi spasenje.

Treće, postoji strpljenje kojim se mijenja srce.

Da promjenimo naše srce znači da izvučemo sve neistine i zlo iz našeg srca i da umjesto toga usadimo istinu i dobrotu. Očistiti srce je slično čišćenju polja. Moramo da uklonimo kamenje i da iščupamo korov. Ponekad, moramo da izoremo zemljište. Onda to može da postane dobro polje, i šta god da posijemo, to će izrasti i dati prinos.

To je isto sa ljudskim srcima. Onoliko koliko pronađemo zlo u našem srcu i odbacimo ga, mi možemo da imamo dobra polja toga srca. Onda, kada je Riječ Božja posijana, ona može da klija, raste dobro, i donese plod. I baš kao što treba da se oznojimo i da naporno radimo da bi očistili zemlju, isto moramo da radimo i kada mijenjamo naše srce. Moramo da iskreno uzvikujemo u molitvama svom svojom snagom i svim svojim srcem. Onda možemo da dobijemo moć Svetog Duha da bi izorali tjelesno srce koje je kao opustošena zemlja.

Ovaj proces nije lak kao što neki možda misle. Zbog toga neki ljudi mogu da se osjećaju mučno, obeshrabreno, ili da padnu u očaj. Zbog toga, nama treba strpljenja. Mada se čini da se veoma polako mijenjamo, mi nikada ne treba da budemo razočarani ili da odustanemo.

Mi treba da se sjetimo ljubavi Gospodnje koji je umro na krstu za nas, da primimo novu snagu, i nastavimo da kultivišemo polje našeg srca. Takođe, treba da potražimo ljubav i blagoslove Božje koje će nam On dati kada budemo potpuno kultivisali naša srca. Takođe treba da nastavimo da radimo sa većom zahvalnošću.

Da nemamo zla u nama, izraz „strpljenje" ne bi bio potreban. Na isti način, da samo imamo ljubav, praštanje i razumijevanje, ne bi bilo mjesta za „strpljenje." Dakle, Bog želi da mi imamo takvo strpljenje u kojem je riječ „strpljenje" nepotrebna. U stvari, Bogu, koji je Sam dobrota i ljubav, ne treba strpljenje. Ipak, On nam govori da je On „strpljiv" sa nama kako bi nam pomogao da razumijemo pojam „strpljenje." Treba da shvatamo da što više obilježja strpljivosti u određenim okolnostima imamo, sa Božjeg gledišta više zla imamo u našim sopstvenim srcima.

Ako nemamo ništa za šta bi bili strpljivi nakon ostvarenja savršenog ploda strpljenja, mi ćemo uvijek biti srećni, čuti samo dobre poruke odavde i odande, i osjetiti takvu lakoću u našim srcima kao da hodamo na oblacima.

9. Topaz: Duhovna dobrota

Topaz, deveti temelj zidova Novog Jerusalima, je kamen providne, pomiješane, i riđo narandžaste boje. Duhovno srce simbolizovano topazom je duhovna dobrota. Dobrota je kvalitet koji znači biti dobar, uslužan i častan. Ali duhovno značenje dobrote ima dublje značenje.

Postoji dobrota i među devet plodova Svetog Duha, i ima isto značenje kao dobrota topaza. Duhovno značenje dobrote je žuditi za dobrotom unutar Svetog Duha.

Svaka osoba ima standard da prosudi između ispravnog i pogriješnog ili između dobra i zla. To se zove „savjest." Koncept savjesti se ralikuje u različitim vremenima, zemljama, i kod raznih naroda.

Taj standard da se odmjeri značaj duhovne dobrote je samo jedan: Riječ Božja, koja je istina. Zato, nije duhovna dobrota tražiti ono što mi smatramo dobrotom. Duhovna dobrota je tražiti ono što Bog smatra dobrotom.

Jevanđelje po Mateju 12:35 govori: „*Dobar čovjek iz dobre kleti iznosi dobro.*" Isto tako, oni koji imaju duhovnu dobrotu u njima, priprodno će odmah izneti svoju dobrotu. Gdjegod da idu i kogagod da sretnu, dobre riječi i dobra djela će izaći iz njih.

Baš kao što će oni koji prskaju miris imati ugodan miris, miris dobrote će izaći iz onih koji imaju dobrotu. Naime, oni će odati aromu Hristove dobrote. Zato, samo tražiti dobrotu u srcu ne može biti nazvano dobrotom. Ako imamo srce koje žudi za dobrotom, onda ćemo prirodno odati aromu Hrista sa dobrim riječima i željama. Na ovaj način treba da ljudima u našoj okolini pokažemo moralnu vrijednost i ljubav. Ovo je dobrota u pravom, duhovnom smislu.

Standard za mjerenje duhovne dobrote

Bog Sam je dobro, i dobrota se nalazi u čitavoj Bibliji, Riječi Božjoj. Ima takođe stihova u Bibliji koji osobiti odaju boje topaza, naime boje duhovne dobrote.

To se, prije svega, nalazi u Poslanici Filipljanima 2:1-4, koja glasi: *„Ako ima dakle koje poučenje u Hristu, ili ako ima koja uteha ljubavi, ako ima koja zajednica duha, ako ima koje srce žalostivo i milost, ispunite moju radost, da jedno mislite, jednu ljubav imate, jednodušni i jednomisleni. Ništa ne činite usprkos ili za praznu slavu; nego poniznošću činite jedan drugog većeg od sebe; ne gledajte svaki za svoje, nego i za drugih. "*
Mada nešto nije dobro prema našem mišljenju i našim karakterima, ako tražimo dobrotu u Gospodu, mi ćemo se spojiti sa drugima i složiti se sa njihovim mišljenjem. Nećemo se svađati ni zbog čega. Nećemo imati bilo kakvu želju da se šepurimo ili da nas uzdižu drugi. Sa samo poniznim srcem, mi ćemo druge smatrati boljima od nas iz dubina naših srca. Naš posao

ćemo obavljati odano i veoma odgovorno. Čak ćemo moći i da pomognemo drugima u njihovom poslu.

Lako možemo da vidimo kakav čovjek ima dobrotu u svom srcu iz priče o dobrom Samarićaninu koja se nalazi u Jevanđelju po Luki 10:25-37:

> *Jedan čovjek silažaše iz Jerusalima u Jerihon, pa ga uhvatiše hajduci, koji ga svukoše i izraniše, pa otidoše, ostavivši ga pola mrtva. A iznenada silažaše onim putem nekakav svještenik, i vidjevši ga prođe. A tako i Levit kad je bio na onome mjestu, pristupi, i vidjevši ga prođe. A Samarjanin nekakav prolazeći dođe nad njega, i vidjevši ga sažali mu se; i pristupivši zavi mu rane i zali uljem i vinom; i posadivši ga na svoje kljuse dovede u gostionicu, i ustade oko njega. I sutradan polazeći izvadi dva groša te dade krčmaru, i reče mu: „Gledaj ga, i šta više potrošiš ja ću ti platiti kad se vratim." Koji je od one trojice bio bližnji onome što su ga bili uhvatili hajduci? (Jevanđelje po Luki 10:30-36)*

Između svještenika, Levita i Samarićanina, ko je, onda, pravi bližnji i osoba od ljubavi? Samarićanin bi mogao da bude pravi bližnji čovjeka koga su opljačkali zato što je imao dobrotu u srcu da izabere pravi put, mada je smatran nejevrejinom.

Ovaj Samarićanin možda nije dobro poznavao Riječ Božju kao znanje. Ali mi možemo da vidimo da je imao srce koje prati dobrotu. To znači da je imao duhovnu dobrotu prateći dobrotu po Božjem viđenju. Čak iako mi treba da potrošimo svoje sopstveno vrijeme i novac, moramo da odaberemo ono što Bog smatra dobrotom. Ovo je duhovna dobrota.

Isusova dobrota

Sledeći Biblijski stih koji odaje svjetlo dobrote još sjajnije je Jevanđelje po Mateju 12:19-20. On se bavi Isusovom dobrotom. Tu čitamo:

> *Neće se svađati ni vikati, niti će čuti ko po rasputicama glas Njegov. Trsku stučenu neće prelomiti i svještilo zapaljeno neće ugasiti dok pravda ne održi pobjedu.*

Fraza: „dok pravda ne održi pobjedu" ističe da je Isus radio samo sa dobrim srcem u cijelom procesu raspeća i uskrsnuća, dajući nam pobjedu Svojom milošću spasenja.

Pošto je Isus imao duhovnu dobrotu, on se nikad ni sa kim nije vrijeđao ili svađao. On je sve prihvatao sa razumom duhovne dobrote i riječima istine čak i kada se susreo sa teškim i naizgled neprihvatljivim situacijama. Štaviše, Isus se nije niti suprostavio onima koji su pokušali da ga ubiju niti je pokušao da objasni i dokaže Svoju nevinost. On je sve ostavio Bogu i ispunio je sve Svojom mudrošću i istinom u duhovnoj dobroti.

Duhovna dobrota je srce koje „neće da prelomi salomljenu trsku ili da ugasi zapaljeni fitilj na lampi." Ova definicija sadrži reprezentativne referentne stavke dobrote.

Oni koji imaju dobrotu ne viču i ne raspravljaju se ni sa kim. Takođe će pokazati svoju dobrotu samom svojom pojavom. Kao što je zapisano: „Niti će neko čuti Njegov glas na ulicama," oni koji imaju dobrotu će na svojoj spoljašnosti odavati dobrotu i poniznost. Koliko mora da su bile besprijekorne i savršene Isusove osobine u Njegovom načinu hodanja, njegovim gestovima i jeziku! Poslovice 22:11 kažu: *„Ko ljubi čisto srce, i čije su usne ljubazne, njemu je car prijatelj. "*

Prvo, „salomljena trska" predstavlja one koji su propatili mnogo ovozemljskih stvari i koji su povređeni u srcu. Čak i kad traže Boga siromašnim srcem, Bog ih se neće odreći, već će ih prihvatiti. Ovo srce Božje i ovo srce Isusovo je vrhunac dobrote.

Sljedeće, isto je sa srcem koje ne gasi zapaljeni fitilj. Ako fitilj tinja, to znači da se vatra gasi, ali još uvijek može da se raspali. U tom smislu „zapaljeni fitilj" je osoba koja je tako ukaljana zlom da svjetlo njegove duše „tinja." Čak i od ovakve osobe ne treba da odustanemo, ako ima i najmanju mogućnost da primi spasenje. Ovo je dobrota.

Naš Gospod ne odustaje čak ni od onih ljudi koji žive u grijehu i protiv Boga su. On i dalje kuca na vrata njihovog srca da im omogući da stignu do spasenja. Ovo srce našeg Gospoda je dobrota.

Ima ljudi koji su u vjeri kao salomljene trske i fitilj koji tinja. Kada oni padnu u iskušenje zbog slabe vjere, neki ljudi nemaju snage da se sami ponovo vrate crkvi. Možda zbog nekih tjelesnih stvari koje nisu još odbacili, oni su možda uzrokovali štetu drugim članovima crkve. Zbog toga što im je jako žao i postiđeni su zbog toga, oni ne osjećaju da mogu da se vrate u crkvu.

Tako da mi treba prvo da odemo kod njih. Moramo da produžimo naše ruke do njih i držimo ih za ruke. Ovo je dobrota. Takođe, ima ljudi koji su bili prvi u vjeri, ali kasnije su zaostali sa duhom. Neki od njih su takođe postali kao „fitilj koji tinja.“

Neki od nih žele da budu voljeni i da ih drugi prepoznaju, ali to se ne dešava. Tako da su oni slomljenog srca, a zlo koje je u njima izlazi napolje. Oni mogu da budu ljubomorni na druge koji su ispred njih u duhu, i čak mogu da ih ogovaraju. Ovo je kao fitilj koji tinja i ispušta dim i čađ.

Ako imamo iskrenu dobrotu, mi ćemo takođe moći da razumijemo ove ljude i prihvatimo ih. Ako pokušamo da se raspravljamo šta je dobro a šta je loše, i pokušamo da druge ljude potčinimo, to nije dobrota. Mi moramo da se dobro ophodimo sa njima sa iskrenošću i ljubavlju, čak i prema onima koji pokazuju zlo. Mi moramo da smekšamo i dirnemo njihova srca. Kada uradimo ovo, to je onda raditi u dobroti.

10. Hrizopras: Samokontrola

Hrisopras, deseti temelj zidova Novog Jerusalima, je najskuplji među kalcedonima. On je polu providne tamno zelene boje, i jedan od dragulja koji su Korejanke smatrale veoma vrijednim u prošlosti. Za njih je on simbolizovao čednost i čistotu žene.

Šta duhovno hrisopras simbolizuje? Ono znači samo kontrolu. Dobro je imati izobilje u svemu u Bogu, ali mora da postoji samokontrola kako bi sve učinili lijepim. Samokontrola je takođe jedan od devet plodova Svetog Duha.

Samokontrola da se postigne savršenstvo

Poslanica Titu 1:7-9 nam govori o uslovima za nadzornika crkve, i jedan od uslova je samokontrola. Ako osoba koja nema samokontrolu postane nadzornik, šta će on moći da postigne u svom nekontrolisanom životu?

U svemu što radimo za i sa Gospodom, mi bi trebalo da odvojimo istinu od neistine, i da uz samokontrolu slijedimo volju Svetog Duha. Ako možemo da čujemo glas Svetog Duha, mi ćemo biti uspješni u svemu pošto imamo samokontrolu. Ako nemamo samokontrolu, međutim, stvari mogu krenuti loše i možemo čak da doživimo nezgodu, i prirodne i ljudskom rukom stvorene nesreće, bolesti, i slično.

Takođe je plod samokontrole vrlo važan, on je i nužnost, u postizanju savršenstva. Koliko god da gajimo plodove ljubavi, mi možemo dagajimo plodove radosti, mira, strpljenja, ljubaznosti, dobrote, odanosti i umiljatosti, i ovi plodovi će biti kompletni uz samokontrolu.

Samokontrola može biti upoređena sa anusom u našem tijelu. Mada je mali, igra veoma važnu ulogu u tijelu. Šta ako izgubi snagu da se stegne? Izmet neće biti kontrolisan, i mi ćemo biti sasvim prljavi i nepristojni.

Na isti način, ako izgubimo samokontrolu, sve može da postane neuredno. Ljudi žive u neistini zato što ne mogu sebe duhovno da kontrolišu. Zbog ovoga, oni se suočavaju sa iskušenjima i Bog ne može da ih voli. Ako ne možemo fizički sebe da kontrolišemo, mi ćemo raditi nepravedne i nezakonite stvari zato što ćemo jesti i opijati se koliko god želimo, čineći naše živote neurednim.

Jovan Krstitelj

Dobar primjer samokontrole među biblijskim likovima je Jovan Krstitelj.

Jovan Krstitelj je jasno znao zašto je došao na ovu zemlju. On je znao da mora da pripremi put za Isusa, koji je prava Svjetlost. Tako da, sve dok nije ispunio ovu dužnost, on je živio životom potpuno osamljenim od ovog svijeta. Naoružao se molitvom i samo Riječju dok je bio u divljini. Jeo je samo skakavce i divlji med. To je bio veoma usamljen i strogo kontrolisani život. Kroz ovakav način života, on je bio spreman da pripremi put Gospodnji, i ispuni ga potpuno.

U Jevanđelju po Mateju 11:11, Isus je rekao ovo o njemu: *„Zaista vam kažem, ni jedan između rođenih od žena nije izišao veći od Jovana Krstitelja."*

Ako neko misli: „Oh, sada ću otići duboko u planinu ili na neko usamljeno mjesto i živjeti život u samokontoli!" to dokazuje da taj nema samokontrolu i interpretira Božju Riječ na svoj način i razmišlja isuviše mnogo.

Važno je da kontolišete vaše srce u Svetom Duhu. Ako još niste dostigli nivo duha, vi morate da kontrolišete vaše tjelesne želje i slijedite samo želje Svetog Duha. Takođe, čak i kada postignete duh, vi morate da kontrolišete snagu ili veličinu svakog od duhovnih srca kako bi imali savršenu harmoniju kao cjelinu. Ova samokontrola je pokazana svjetlošću hrisoprasa.

11. Cirkon: Čistota i svetost

Cirkon, jedanaesti temelj zidova Novog Jerusalima, je dragocijen kamen providne plavičaste boje i duhovno simbolizuje čistotu i svjtost.

„Čistota" se ovde odnosi na stanje gdje nemate grijeh i gdje ste čisti bez ijedne mrlje i srama. Ako se osoba tušira ili se kupa nekoliko puta na dan, očešlja kosu, i obuče se valjano, ljudi će reći da je on čist i uredan. Onda, da li će i Bog reći da je on čist? Ko je, onda, čovjek čistog srca i kako možemo da postignemo čisto srce?

Čisto srce u Božjim očima

Fariseji i pisari su prali ruke prije nego jedu, poštujući običaje svojih starješina. A kada učenici Isusovi nisu tako uradili, oni su postavili Isusu pitanje kako bi Ga optužili. Jevanđelje po Mateju 15:2 kaže: „*Zašto učenici tvoji prestupaju običaje starih? Jer ne umivaju ruke svoje kad hljeb jedu.*"

Isus ih je naučio šta čistota zaista jeste. U Jevanđelju po Mateju 15:19-20 On je rekao: „*Jer od srca izlaze zle misli, ubistva, preljube, kurvarstva, krađe, lažna svjedočanstva, hule. I ovo je što pogani čovjeka, a neumivenim rukama jesti ne pogani čovjeka.*"

Čistota u Božjim očima je nemati grijeh u srcu. Čistota je kada imamo srce koje je čisto i bez srama, mrlje ili sramote. Mi možemo da operemo naše ruke i tijelo vodom, ali kako da očistimo naše srce?

Možemo ga oprati i vodom. Možemo ga pročistiti tako što

ćemo ga oprati duhovnom vodom koja je Riječ Božja. Poslanica Jevrejima 10:22 kaže: „*Da pristupamo s istinim srcem u punoj vjeri, očišćeni u srcima od zle savjesti, i umiveni po tijelu vodom čistom.*" Mi možemo da imamo čista i iskrena srca sve do tačke kada činimo po Riječi Božjoj.

Kada se povinujemo svemu što nam Biblija kaže da odbacimo i da ne činimo, neistina i zlo će biti oprani iz našeg srca. A kada se povinujemo svemu što nam Boblija zapovjeda da radimo i da se pridržavamo, možemo da izbjegnemo da se opet zaprljamo ovozemaljskim grijehovima i zlom tako što ćemo uvjek biti snadbeveni čistom vodom. Na ovaj način možemo da održimo naše srce čistim.

Jevanđeljc po Mateju 5:8 kaže: „*Blago onima koji su čistog srca, jer će Boga vidjeti.*" Bog nam je rekao o blagoslovu koji će oni čistog srca dobiti. To je da će oni vidjeti Boga. Oni koji su čisti u srcu će videti Boga licem u lice u nebeskom kraljevstvu. Oni mogu ući bar u Treće kraljevstvo ili čak i u Novi Jerusalim.

Ali pravo značenje „vidjeti Boga" nije samo da vidimo Boga. To znači da ćemo se uvijek susretati sa Bogom i dobijati pomoć od Njega. To znači da živimo život u kome hodamo sa Bogom, čak i na ovoj zemlji.

Enoh koji je postigao čisto srce

Peto poglavlje Postanka opisuje Enoha koji je kultivisao čisto srce i hodao sa Bogom na zemlji. U Postanku 5:21-24, možemo da pročitamo da je Enoh hodao sa Bogom tri stotine godina od vremena kada je postao otac Metuzalema u 65. godini. Onda, kao što je zapisano u stihu 4: „*I živjeći Enoh jednako po volji Božjoj, nestade ga jer ga uze Bog,*" odveden je živ na nebo.

Poslanica Jevrejima 11:5 nam daje razlog zašto je on mogao biti podignut na nebo a da ne vidi smrt, i kaže: „*Vjerom bi Enoh prenesen da ne vidi smrt; i ne nađe se, jer ga Bog premjesti, jer prije nego ga premjesti, dobi svjedočanstvo da ugodi Bogu.*"

Enoh je udovoljio Bogu kultivisanjem tako čistog srca bez ijedanog grijeha, čak i dotle da nije morao da vidi smrt. I konačno on je odveden na nebo živ. On je tada imao 365 godina, ali u tim vremenima ljudi su živjeli više od 900 godina. Sa današnjeg stanovišta, Bog je uzeo Enoha kada je ovaj bio u najintenzivnijem periodu mladosti.

To je zato što je Enoh bio toliko drag Božjim očima. Radije nego da ga zadrži na zemlji, Bog je htio da postavi Enoha u nebeskom kraljevstvu Sebi uz bok. Možemo jasno da vidimo koliko mnogo Bog voli i raduje se onima koji imaju čisto srce.

Ali čak i Enoh nije preko noći postao posvećen. On je takođe prošao kroz razna iskušenja dok nije dostigao 65 godinu. U Postanku 5:19, možemo da vidimo da je Džerod, otac Enohov, imao djecu 800 godina po Enohovom rođenju, tako da možemo da razmijemo da je Enoh imao mnogo braće i sestara.

Bog mi je dozvolio da u dubokim molitvama vidim da Enoh nije imao nikakvih problema ni sa jednim od braće i sestara. On nikada nije želio da ima više od braće; on im je uvek činio ustupke. Nikada nije želio da bude priznat više nego njegova braća i sestre, i uvijek je radio najbolje što je mogao. Čak i kad su neku braću više voljeli nego njega, on se nikada nije osjećao neugodno, što znači da nije bio uopšte ljubomoran.

Takođe, Enoh je uvijek bio pokorna osoba. On nije slušao samo Riječ Božju, već i riječ svojih roditelja. Nikada nije insistirao na svom sopstvenom mišljenju. On nikada nije imao ikakvih želja samo za sebe, i ništa nije uzimao lično. Živio je u miru sa svakim.

Enoh je kultivisao čisto srce u sebi sa kojim je mogao da vidi Boga. Kada je Enoh dostigao 65. godinu, dostigao je nivo da udovolji Bogu, i sada je mogao da hoda sa Bogom.

Ali ima još jedan, mnogo važniji razlog zašto je mogao da hoda sa Bogom. To je zbog toga što je volio Boga i uživao je u razgovaranju sa Bogom veoma mnogo. Naravno on nije težio ovozemaljskim stvarima i volio je Boga više od bilo čega na ovoj zemlji.

Enoh je volio svoje roditelje i povinovao im se, a mir i ljubav su vladali između njega i njegovih bližnjih, ali Bog je bio taj koga je volio najviše. On je više uživao da bude sam i hvali Boga, nego da bude sa članovima njegove porodice. Bog mu je nedostajao kada je gledao nebo i prirodu, i uživao je u druženju koje je imao sa Bogom.

To je bilo tako i prije nego što je Bog počeo da hoda sa njim, a od vremena kada je Bog počeo da hoda sa njim, bilo je i više od toga. Kao što je zapisano u Poslovicama 8:17: „*Ja ljubim one koji mene ljube, i koji me dobro traže nalaze me,*" Enoh je volio Boga i Bog mu je veoma mnogo nedostajao, a takođe Bog je i hodao sa njim.

Što više volimo Boga, čistije srce će nam postati, i što čistije srce imamo, više ćemo voljeti Boga i žuditi za Njim. Ugodno je pričati i sarađivati sa onima koji su čisti u srcu. Oni jednostavno sve potpuno prihvataju i vjeruju drugima.

Ko će se osjećati loše i mrštiti se kad vidi ozarene osmjehe malih beba? Većina ljudi će se osjećati dobro i takođe će se smijati kada vidi bebe. To je zato što čistota bebina prelazi na ljude, osvježavajući i njihova srca.

Bog Otac osjeća isto kada vidi osobu čistog srca. Tako da On sve više želi da vidi ovakvu osobu i želio bi da bude sa njom.

12. Ametist: Ljepota i nježnost

Dvanaesti i poslednji temelj zidova Novog Jerusalima je ametist. Ametist ima svjetlo ljubičastu boju i providan je. Ametist ima tako lijepu i elegantnu boju da su ga voljeli plemići od najstarijih vremena.

Bog takođe cijeni duhovno srce koje simbolizuje tako lijepi ametist. Duhovno srce koje ametist simbolizuje je nježnost. Nježnost nalazimo u Poglavlju ljubavi, u Blaženstvu, pa čak i u devet plodova Svetog Duha. To je plod koji je sigurno rođen u osobi koja rađa duh kroz Sveti Duh i živi po Riječi Božjoj.

Srce nježnosti koje Bog smatra lijepim

Riječnik opisuje nježnost kao osobine ljubaznosti, umiljatosti, i blagosti; [i] biti u stanju da ispoljite smirenost. Ali nježnost koju Bog cijeni nisu samo ove osobine.

Oni koji imaju nježne osobine u tijelu osjećaju se nekako neugodno u vezi ljudi koji nisu nježni. Kada vide nekoga ko je veoma društven ili jakog karaktera, oni postaju nekako oprezni, i čak se osjećaju neprijatno da sarađuju sa takvom osobom. Ali osoba koja je duhovno nježna može da prihvati svakakve ljude svih karaktera. Ovo je jedna od razlika između tjelesne i duhovne nježnosti.

Onda, šta je duhovna nježnost, i zašto je Bog smatra lijepom?

Biti duhovno nježan je imati blag i topao karakter zajedno sa širokim srcem da se prihvati svako. To je neko ko posjeduje srce koje je meko i prijatno kao pamuk tako da mnogo ljudi nađu mir u njemu. Takođe, to je neko ko može da razumije sve u dobroti i zagrli i prihvati svc u ljubavi.

A postoji jedna stvar koja ne može da manjka u duhovnoj nježnosti. To je moralni karakter koji se odnosi na posjedovanje širokog srca. Ako imamo veoma toplo i nježno srce samo u nama, to zapravo ne znači ništa. S vremena na vrijeme, kada je potrebno, treba da smo sposobni da ohrabrimo i savjetujemo druge, pokazujući djela dobrote i ljubavi. Pokazati moralni karakter znači osnažiti druge, dozvoliti im da osjete toplinu, i dozvoliti im da nađu mir u našem srcu.

Duhovno nježna osoba

Oni koji imaju pravu duhovnu nježnost nemaju nikakvih predrasuda o nekoj drugoj osobi. Tako da oni nemaju nikakvih nevolja i nisu u lošim odnosima ni sa kim. Druga osoba takođe osjeća ovo toplo srce, tako da on može da se odmori i nađe mir duši osjećajući da je zagrljen veoma toplo. Ova duhovna nježnost je kao veliko drvo koje daje veliku, hladnu sijenku na veoma toplom ljetnjem danu.

Ako suprug širokog srca prihvati i zagrli sve članove njegove porodice, žena će ga poštovati i voljeti. Ako i žena ima srce koje je meko kao pamuk, ona može da pruži udobnost i mir svome suprugu, tako da mogu da budu veoma srećan par. Takođe, ona djeca koja su podizana u ovakvoj porodici neće skrenuti sa puta čak i kad se suoče sa teškoćama. Zato što mogu buti ojačani porodičnim mirom, oni mogu da prevaziđu teškoće i porastu u poštenju i u dobrom zdravlju.

Isto tako, kroz one koji su kultivisali duhovnu nježnost, i ljudi iz njihove okoline mogu naći mir i budu srećni. Onda će i Bog Otac kazati da su oni koji su duhovno nježni i stvarno lijepi.

U ovom svijetu ljudi primjenjuju različite načine da osvoje srce drugih. Oni mogu da snadbevaju druge ljude materijalnim stvarima ili iskoriste svoj socijalni ugled ili vlast. Ali ovim tjelesnim putevima, mi ne možemo iskreno da osvojimo srca drugih. Oni će nam možda pomoći na trenutak zbog svojih potreba, ali pošto se zapravo ne predaju od srca, oni će promjeniti mišljenje kada se situacija promjeni.

Ali ljudi će se prirodno skupiti oko osobe koja ima duhovnu nježnost. Oni se predaju od srca i želje da ostanu sa njim. To je zbog toga što, kroz osobu koja ima duhovnu nježnost, oni mogu da ojačaju i da osjete utjehu koju nisu osjećali na ovoj zemlji. Tako da će mnogi ljudi ostati uz osobu sa duhovnom nježnošću, i ovo postaje duhovni autoritet.

Jevanđelje po Mateju 5:5 govori o ovom blagoslovu za

okupljanje mnogih duša govoreći da će oni naslijediti zemlju. To znači da će oni osvojiti srce ljudi koji su napravljeni od zemlje. Kao ishod, oni će takođe dobiti veliku oblast zemlje u vječnom nebeskom kraljevstvu. Zato što su zagrlili i vodili mnogo duša do istine, oni će dobiti mnogo nagrada.

Zbog toga je Bog rekao ovo o Mojsiju u Brojevima 12:3: „*A Mojsije beše čovjek vrlo krotak mimo sve ljude na zemlji.*" Mojsije je vodio Izlazak. On je poveo više od 2 miliona ljudi, i vodio ih je više od 40 godina kroz divljinu. Baš kao što roditelji podižu svoju djecu, on ih je grlio u svom srcu i vodio ih u skladu sa Božjom voljom.

Čak i kada su njihova djeca počinila velike grijehove, roditelji ih neće jednostavno odbaciti. Na isti način, Mojsije je zaštitio i takve ljude koji nisu mogli ništa osim da budu napušteni u skladu sa Zakonom, i vodio ih je sve do kraja moleći Boga da im oprosti.

Kada imate i najmanju dužnost u crkvi, vi ćete razumijeti koliko dobra je ova nježnost. Ne samo u dužnostima u zbrinjavanju duša, već i u bilo kojim drugim obavezama, ako ih obavite sa nježnošću, onda nećete imati nikakav problema. Nema dva čovjeka koji imaju isto srce i iste misli. Svako je podizan u različitim okolnostima i ima drugačiji karakter. Njihove misli i razmišljanja se neće možda slagati.

Ali on koji je nježan, može širokog srca da prihvati druge. Nježnost da ispraznite sebe i prihvatite druge se lijepo ističe u situaciji gdje svako insistira da je u pravu.

Naučili smo sve o duhovnim srcima koja simbolizuju svaki od

dvanaest kamenova temeljaca gradskog zida Novog Jerusalima. To su srca vjere, pravednosti, požrtvovanja, ispravnosti, odanosti, strasti, milosti, strpljivosti, dobrote, samokontrole, čistote i nježnosti. Kada spojimo u jedno sve ove osobenosti, to postaje srce Isusa Hrista i Boga Oca. Jednom riječju, to je „savršena ljubav."

Oni koji su kultivisali ovu savršenu ljubav sa dobrom i balansiranom kombinacijom svake osobenosti dvanaest dragih kamenova mogu hrabro da uđu u grad Novi Jerusalim. Takođe, njihove kuće u Novom Jerusalimu biće ukrašene sa ovih dvanaest različitih dragulja.

Zato je unutrašnjost grada Novog Jerusalima tako lijepa i zanosna da se ne može izraziti. Kuće, zgrade i svi objekti kao što su parkovi su ukrašeni na najljepši mogući način.

Ali ono što Bog smatra najljepšim su ljudi koji dolaze u grad. Oni će ispustiti još divnija svjetla nego što su svjetla svih dvanaest dragulja. Oni će iz dubine njihovih srca dati i mnogo jači miris ljubavi prema Ocu. Krz ovo, Bog Otac će biti utješen za sve stvari koje će On učiniti do tada.

Poglavlje 6

Dvanaest bisernih kapija i zlatni put

1. Dvanaest kapija napravljenih od bisera

2. Ulice napravljene od čistog zlata

„*I dvanaest vrata, dvanaest zrna bisera; svaka vrata behu od jednog zrna bisera. I ulice gradske behu zlato čisto, kao staklo presvijetlo.*“

- Otkrivenje Jovanovo 21:21 -

Grad Novi Jerusalim ima dvanaest kapija, po tri na svakoj, sjevernoj, južnoj, istočnoj i zapadnoj strani zidina. Ogromni anđeo čuva svaku kapiju, a prizor odslikava veličanstvenost i autoritet grada Novog Jerusalima na prvi pogled. Svaka kapija je lučnog oblika, i toliko je velika da moramo da gledamo daleko uvis. Svaka kapija je napravljena od jednog divovskog bisera. Ona se klizeći otvara na obe strane i ima ručicu napravljenu od zlata i drugog dragog kamenja. Kapija se otvara automatski i ne treba niko da je rukama otvara.

Bog je za Svoju voljenu djecu napravio dvanaest kapija od divnih bisera a ulice od čistog zlata. Koliko li će tek biti ljepše i veličenstvanije građevine u gradu?

Prije nego što se udubimo u zgrade i dijelove grada Novog Jerusalima, hajde da prvo razmotrimo razloge zbog kojih je Bog napravio kapije Novog Jerusalima od bisera, i kakvih još ulica ima osim zlatnih.

1. Dvanaest kapija napravljenih od bisera

U Otkrivenju Jovanovom 21:21 čitamo: „*I dvanaest vrata, dvanaest zrna bisera; svaka vrata behu od jednog zrna bisera. I ulice gradske behu zlato čisto, kao staklo presvijetlo.*" Zašto je, onda, tih dvanaest kapija napravljeno od bisera kad ima mnogo drugog dragog kamenja u Novom Jerusalimu? Neko može da kaže da bi bilo bolje da se svaka kapija ukrasi različitim draguljima pošto ima dvanaest kapija, ali Bog je ukrasio svih dvanaest kapija samo biserom.

Ovo je zato što su u ovakvom dizajnu sadržani Božje proviđenje i duhovni značaj. Ne kao drugi nakit, biseri imaju malo drukčiju vrijednost i smatraju se vrijednijim zato što su napravljeni poslije bolnog procesa.

Zašto je dvanaest kapija napravljeno od bisera?

Kako je biser proizveden? Biser je jedan od dva organska dragulja iz mora, drugi je koral. Mnogo ljudi ga dosta cijene zato što daje divan sjaj bez da je poliran.

Biser se formira u unutrašnjosti školjke ostrige. To je grudva koja daje nevjerovatni sjaj i sastoji se uglavnom od kalcijum karbonata, u obliku polusfere ili sfere. Kada strana materija dospe u meko meso školjke, školjka trpi veliki bol, kao kad bi je bola igla. Onda se školjka bori sa stranom materijom podnoseći ogroman bol. Biser je proizveden kada izlučivanja školjke mnogo puta prekriju stranu materiju.

Postoje dvije vrste bisera: prirodni biseri i vještački biseri. Ljudi su shvatili principe u proizvodnji bisera. Oni su odgajili mnogo školjki i ubacili vještačke materije u školjke kako bi one proizvele bisere. Oni na oko izgledaju prirodno ali su relativno jeftiniji zato što imaju tanje biserne naslage.

Baš kao što i školjka pravi lijepi biser podnoseći veliki bol zbog stranih materija, tako postoji i proces izdržljivosti za Božju djecu koja teže da povrate izgubljeni lik Božji. Oni mogu da istupe sa vjerom kao čisto zlato sa kojom mogu da uđu u Novi Jerusalim samo nakon što su izdržali teškoće i tugu dok su živjeli na ovoj zemlji.

Ako želimo da pobjedimo u vjerskoj borbi i prođemo kroz kapije Novog Jerusalima, mi svi moramo da napravimo biser u našem srcu. Baš kao što biserna ostriga istraje u bolu i ispusta sedef da napravi biser, Božja djeca takođe treba da istraju u bolu sve dok u potpunosti ne povrate Božji lik.

Kako je grijeh došao na ovaj svijet i ljudi su se okaljali grijehovima, oni su izgubili Božji lik. U srcu ljudi zasađeni su zlo i neistina, a njihova srca su postala nečista i odaju neprijatan miris. Bog Otac je pokazao Svoju veliku ljubav čak i ovim ljudima koji su živjeli sa griješnim srcima u griješnom svijetu.

Svako ko vjeruje u Isusa Hrista će biti očišćen od svog grijeha kroz Njegovu krv. Ali ona iskrena djeca koju Bog Otac želi su takva djeca koja su potpuno odrasla i sazrela. On želi one koji se neće ponovo isprljati pošto su već oprani. Duhovno, to znači da oni ne griješe više, već udovoljavaju Bogu Ocu savršenom vjerom.

A da bi imali ovakvu savršenu vjeru, mi prvo moramo da imamo iskrena srca. Mi možemo da imamo iskreno srce onda kada uklonimo sve grijehove i zlo iz našeg srca I umjesto toga ga ispunimo dobrotom i ljubavlju. Što više dobrote i ljubavi imamo, tim više obnavljamo lik Božji.

Bog Otac dozvoljava Svojoj djeci da se pročiste u iskušenjima kako bi mogli da kultivišu dobrotu i ljubav. On im daje da otkriju grijehove i zlo u svojim srcima u različitim vrstama situacija. Kada pronađemo naše grijehove i zlo, mi ćemo osjetiti bol u našem srcu. To je kao kad oštar uljez uđe u ostrigu i zabije se u meko meso. Ali mi moramo da prihvatimo činjenicu da imamo bol kada prolazimo kroz iskušenja zbog grijehova i zla u našem srcu.

Ako zaista priznamo ovu činjenicu, onda možemo da stvorimo duhovni biser u našem srcu. Mi ćemo se usrdno moliti da odbacimo grijehove i zlo koje smo otkrili. Onda će milost i snaga Božja doći na nas. Takođe, Sveti Duh će nam pomoći. Kao ishod, grijehovi i zlo koje smo otkrili biće uklonjeni, i umjesto toga, mi ćemo imati duhovno srce.

Biseri su izuzetno vrijedni kada se računa proces njihovog stvaranja. Baš kao što školjke moraju da trpe bol i istraju da bi proizvele bisere, mi treba da prevaziđemo i istrpimo veliki bol da bi ušli u Novi Jerusalim. Mi možemo da uđemo kroz ove kapije samo onda kada odnesemo pobjedu u vjerskoj bici. Ove kapije su napravljene da simbolizuju ovu činjenicu.

Poslanica Jevrejima 12:4 nam govori: *„Jer još do krvi ne dođoste boreći se protiv grijeha.“* I druga polovina Otkrivenja Jovanovog 2:10 takođe nas podstiče: *„Budi vjeran do same smrti, i daću ti vijenac života.“*

Kao što nam Biblija govori, mi možemo da uđemo u Novi Jerusalim, najdivnije mjesto na nebu, samo kada se odupiremo grijehu, odbacimo sve vrsta zla, odani smo sve do same smrti i ispunimo naše dužnosti.

Prevazilaženje iskušenja vjere

Mi moramo da imamo vjeru kao čisto zlato da prođemo dvanaest kapija Novog Jerusalima. Ovakva vjere nije jednostavno data; samo kada prođemo i prevaziđemo iskušenja vjere nagrađeni smo takvom vjerom, baš kao što školjka trpi veliki bol dok napravi biser. Ipak, nije lako opstati sa vjerom zato što su tu neprijatelj đavo i Satana koji pokušavaju da nas spriječe da imamo vjeru po svaku cijenu. Štaviše, sve dok ne stanemo na kamen vjere, mi možemo da osjećamo da je put do neba težak i bolan zato što moramo da se suočimo sa intenzivnim borbama protiv neprijatelja đavola onoliko koliko neistine imamo u srcima.

Međutim, mi možemo da pobjedimo zato što nam Bog daje Svoju milost i snagu, a Sveti Duh nam pomaže i vodi nas. Ako stojimo na kamenu vjere nakon što smo preduzeli ove korake, mi ćemo moći da nadvladamo sve vrste teškoća i radovaćemo se umjesto da patimo.

Budistički monasi se udaraju po tijelima i „zarobljivali" ih kroz meditaciju da se očiste od svih zemaljskih potreba. Neki od njih primjenjuju asketizam decenijama, i kada umru, iz njihovih ostataka se izdvoji nešto nalik biseru. Ovo se formira poslije mnogo godina istrajnosti i samokontrole, na način na koji školjke ostrige prave bisere.

Koliko mnogo treba da izdržimo i kontrolišemo se od bola ako pokušamo da iskorijenimo zemaljska zadovoljstva i kontrolišemo žudnju tijela samo sopstvenom snagom? Ipak, Božja djeca mogu da iskorijene zemaljska zadovoljstva brzo sa milošću i snagom Božjom u sred djela Svetog Duha. Takođe, mi možemo da prevaziđemo sve teškoće uz pomoć Boga, i možemo da trčimo duhovnu trku zato što je nebo pripremljeno za nas.

Zato, Božja djeca koja imaju vjeru ne moraju da izdrže svoja iskušenja sa bolom, već će pobjediti sa radošću i zahvalnošću, očekujući blagoslove koje će uskoro dobiti.

Dvanaest bisernih kapija su za pobjednike u vjeri

Dvanaest bisernih kapija služe kao slavolukovi za pobjednike u vjeri, onako kako komandanti pobjednici, koji se vraćaju kući nakon uspješnih borbi, marširaju kroz spomenik u čast njihovom podvigu.

U starim vremenima, da bi dočekali i odali počast vojnicima i njihovim zapovjednicima koji su se trijumfalno vraćali kući, ljudi su gradili razne spomenike i objekte i imenovali svako mjesto po heroju. Generalu pobjedniku bi bila odata počast i prošao bi kroz trijumfalni luk ili kapiju, velika masa mu je izražavala dobrodošlicu, i vozio bi se u kolima koja je poslao kralj.

Kada oni stignu do sale za bankete u sred trijumfalne pjesme, ministri koji su sjedeli sa kraljem i kraljicom ih dočekaju dobrodošlicom. Komandant onda siđe sa kola i pokloni se pred kraljem, a kralj bi ga podigao i veličao njegovu odličnu službu. Onda oni jedu, piju i dijele radost pobjede. Komandant možda kao nagradu dobio vlast, bogatstvo i počasti dostojne kralja.

Ako je vlast nekog komandanta i vojske ovako velika, koliko će veća biti vlast onih koji prođu kroz dvanaest kapija Novog Jerusalima? Njih će voljeti i utješiti Bog Otac i boraviće tamo zauvijek u slavi koja ne može biti upoređena sa slavom nekog komandanta ili vojnika koji prođu kroz slavoluk. Kada prođu kroz dvanaest kapija napravljenih potpuno od bisera, podsjećaju se na njihov put vjere tokom koga su se borili i davali sve od sebe, i u zahvalnosti prolivali suze koje naviru iz dubina njihovih srca.

Veličanstvenost dvanaest bisernih kapija

Na nebu, ljudi nikada ne zaboravljaju ništa čak i poslije mnogo vremena zato što je nebo dio duhovnog svijeta. Umjesto toga, ponekad od milja gaje uspomene na prošla vremena.

Zbog toga su oni koji uđu u Novi Jerusalim preplavljeni osjećanjima kad god pogledaju u dvanaest bisernih kapija, misleći: „Ja sam prevazišao mnoga iskušenja i konačno sam stigao u Novi Jerusalim!“ Oni se radosno sjećaju činjenice da su se borili i konačno pobjedili u borbi protiv neprijatelja đavola i svijeta, i odbacili bilo koju i svu neistinu u sebi. Oni se zahvaljuju Bogu Ocu još jednom, sjećajući se Njegove ljubavi koja ih je vodila u prevazilaženju svijeta. Oni takođe zahvaljuju onima koji su im pomagali sve dok nisu dostigli to mjesto.

U ovom svijetu, snaga zahvalnosti ponekad potpuno nestane ili se smanji kako vrijeme prolazi, ali pošto nema neiskrenosti na nebu, ljudska zahvalnost, radost i ljubav rastu sve više i više sa prolaskom vremena. Dakle, kadgod stanovnici Novog Jerusalima pogledaju biserne kapije, oni su zahvali Božjoj ljubavi i onima koji su im pomogli da stignu tamo.

2. Ulice napravljene od čistog zlata

Pošto se ljudi sete uspomena na njihov život na zemlji i prođu kroz veličanstvene biserne kapije u obliku luka, oni konačno ulaze u Novi Jerusalim. Grad je pun svjetlosti Božje slave, dalekog umirujućeg zvuka anđeoskog hvalospjeva, i blagog mirisa cvijeća. Kako prave svaki korak ka Gradu, oni osjećaju neopisivu sreću i oduševljenje.

Zidovi ukrašeni sa dvanaest dragulja i lijepe biserne kapije već su razmatrene. Od čega su, onda, napravljene ulice u Novom Jerusalimu? Kao što nam Otkrivenje Jovanovo 21:21 govori: „*I ulice gradske behu zlato čisto, kao staklo presvijetlo,*“ Bog je napravio ulice Novog Jerusalima sa čistim zlatom za Njegovu djecu koja ulaze u Grad.

Isus Hrist: Put

Na ovoj zemlji, ima mnogo vrsta puteva, počev od mirnih puteva do željeznice, od uskih puteva do auto-puteva. U zavisnosti od odredišta i potrebe, ljudi idu različitim stazama. Da odu na nebo, međutim, ima samo jedan put: Isus Hrist.

Ja sam put i istina i život; niko neće doći k Ocu do kroza Me (Jevanđelje po Jovanu 14:6).

Isus, jedan i jedini Sin Božji, otvorio je put spasenja time što je razapet u interesu svih ljudi, koji su trebali da umru za navijek zbog njihovih grijehova, i uskrsnuo trećega dana. Kada vjerujemo u Isusa Hrista, mi smo kvalifikovani da dobijemo vječni život. Zato, Isus Hrist je jedini put do neba, spasenja i vječnog života. Štaviše, put do vječnog života je da prihvatite Isusa Hrista i ličite Njegovoj prirodi.

Zlatne ulice

Sa svake strane Rijeke vode života su ulice koje svima omogućavaju da lako nađu prijesto Božji na bezgraničnom nebu. Rijeka vode života izvire iz prijestolja Božjeg i Jagnjetovog, protiče kroz grad Novi Jerusalim i sva mjesta boravka na nebu, i vraća se do prijestolja Božjeg.

I pokaza mi čistu rijeku vode života, bistru kao kristal, koja izlažaše od prijestolja Božjeg i Jagnjetovog, nasred ulica njegovih. Sa obe strane rijeke je drvo života, koje rađa dvanaest rodova dajući svakog mjeseca svoj rod; i lišće od drveta beše za iscijeljivanje narodima (Otkrivenje Jovanovo 22:1-2).

Duhovno „voda" simbolizuje Riječ Božju, i pošto dobijemo život kroz Njegovu Riječ i idemo putem vječnog života kroz Isusa Hrista, voda života teče od prijestolja Božjeg i Jagnjetovog.

Štaviše, pošto Rijeka vode života okružuje nebo, mi lako možemo da dođemo do Novog Jerusalima samo prateći zlatne ulice na svakoj strani Rijeke.

Značaj zlatnih ulica

Zlatne ulice se ne prostiru samo u Novom Jerusalimu, već i kroz sva mjesta na nebu. Međutim, baš kao što se i blistavost, materijali i ljepota razlikuju od mjesta do mjesta, blistavost zlatnih ulica se takođe razlikuje na svakom mjestu boravka.

Čisto zlato na nebu, za razliku od zlata na ovoj zemlji, nije meko već je čvrsto. Ipak, kada hodamo ovim zlatnim ulicama, osjetićemo veliku mekoću. Štaviše, na nebu nema prašine ili nečega prljavog, i pošto se ništa nikada ne pohaba, zlatne ulice nikada ne mogu biti oštećene. Na svakoj strani ulice cvjeta lijepo cvijeće i ono pozdravlja Božju djecu koja hodaju ulicama.

Šta je, onda, značaj i razlog pravljenja ulica od čistog zlata? To je da nas podsjeti da što su im čistija srca, na boljem mjestu na nebu će živjeti. Štaviše, pošto možemo da uđemo u Novi Jerusalim samo kada napredujemo ka Gradu sa vejrom i nadom, Bog je napravio ulice od čistog zlata, koje ima značenje duhovne vjere i poletne nade rođene iz ove vjere.

Cvjetni putevi

Baš kao što ima razlike u šetnjama po sveže pokošenom travnjaju, kamenju, popločanim putevima, i tako dalje, ima razlike u šetnjama po zlatnim ulicama i cvjetnim putevima. Ima i drugih puteva napravljenih od dragog kamenja, i ima razlike u sreći koja se osjeća dok hodamo po njima. Mi takođe primjećujemo razliku u udobnosti između različitih sredstava prevoza kao što su avion, voz ili autobus, a to je isto i na nebu. Ići putem pešice se potpuno razlikuje od automatskog prevoza Božjom moći.

Cvjetni putevi na nebu nemaju cvijeće sa svake strane puta zato što su sami putevi napravljeni od cvijeća tako da ljudi mogu da hodaju po cvijeću. To daje osjećaj mekoće i ljepršavosti kao hodanje po mekom tepihu bosim stopalima. Cvijeće ne može da se ošteti ili da uvene zato što su naša tijela duhovna tijela koja su vrlo laka, pa cvijeće nije izgaženo.

Štaviše, nebesko cvijeće se raduje i odaje svoje mirise kada Božja djeca hodaju po njemu. Tako da kada oni hodaju po cvjetnim putevima, mirisi se upijaju u njihovo tijelo tako da će njihova srca biti blažena, osvježena i srećna.

Putevi od dragog kamenja

Putevi su napravljeni od dragog kamenja sa mnogo vrsta blještavih boja i puni lijepe svjetlosti, i što je još interesantnije, oni sijaju još ljepšim svjetlom kada duhovna tijela hodaju po njima. Čak i drago kamenje odaje miris, a sreća i radost koje osjećaju su neshvatljive. Takođe, mi možemo da osjetimo blagu jezu kada hodamo po putevima od dragog kamenja zato što je osjećaj kao kada hodamo po vodi. Ipak, ovo ne znači da ćemo imati osjećaj kao da tonemo u vodu ili se davimo, već umjesto toga osjećaćemo uzbuđenje na svakom koraku uz malo napora.

Međutim, možemo da nađemo puteve od dragulja samo na određenim mjestima na nebu. Drugim riječima, oni su nagrada u i oko kuće onih koji sliče srcu Gospodnjem i puno su doprineli ispunjavanju Božjeg proviđenja ljudske kultivacije. To je kao što je u kraljevskom dvorcu ili palati čak i mali prolaz ukrašen elegantnim dekoracijama napravljenim od najkvalitetnijih materijala.

Ljudi se ne umore i nisu prezasićeni ničim na nebu već sve vole zauvjek zato što je to duhovni svijet. Takođe, oni osjećaju veću radost i sreću jer je čak i u nekoj tako maloj stvari ugrađen duhovni značaj, i ljudska ljubav i divljenje u skladu sa time rastu.

Kako lijep i veličanstven je Novi Jerusalim! Bog ga je pripremio Svoju voljenu djecu. Čak i ljudi u Raju i u Prvom, Drugom i Trećem nebeskom kraljevstvu veoma se raduju i postaju zahvalni kada sa pozivnicom uđu kroz biserne kapije u Novi Jerusalim.

Da li možete da zamislite koliko će zahvalnija i radosnija biti djeca Božja zbog činjenice da su stigli u Novi Jerusalim kao ishod što su odano slijedili Gospoda, put istine?

Tri ključa za ulazak u grad Novi Jerusalim

Novi Jerusalim je u obliku kocke širine, dužine i visine od po 2400 km. Gradski zid ima ukupno dvanaest kapija i dvanaest kamenova temeljaca. Gradski zid, dvanaest kapija, i dvanaest kamenova temeljaca imaju duhovna značenja. Ako razumijemo ova značenja i ispunimo ih u našim srcima, možemo da imamo duhovnu kvalifikaciju za ulazak u Novi Jerusalim. U ovom smislu, ova duhovna značenja su ključ za ulazak u gtrad Novi Jerusalim.

Prvi ključ za ulazak u Novi Jerusalim je sakriven u gradskom zidu. Kao što je zapisano u Otkrivenju Jovanovom 21:18: *„I beše građa zidova njegova jaspis, i grad zlato čisto, kao čisto staklo,"* gradski zid je napravljen od jaspisa, što duhovno simbolizuje vjeru da udovoljimo Bogu.

Vjera je najosnovnija i suštinska stvar u hrišćanskom životu. Bez vjere mi ne možemo da budemo spašeni i da udovoljimo Bogu. Da bi ušli u grad Novi Jerusalim, moramo da imamo vjeru da udovoljimo Bogu – peti nivo vjere, što je najveći nivo vjere. Dakle, prvi ključ je peti nivo vjere – vjera da se udovolji Bogu.

Drugi ključ se nalazi u dvanaest kamenova temeljaca. Ujedinjenje duhovnih srca predstavljeno sa dvanaest kamenova temeljaca je savršena ljubav, i ova savršena ljubav je drugi ključ do Novog Jerusalima.

Dvanaest temelja je napravljeno od dvanaest različitih dragih kamenova. Svaki dragi kamen na dvanaest temelja simbolizuje specifičnu vrstu duhovnog srca. To su srca vjere, pravednosti, požrtvovanja, ispravnosti, odanosti, strasti, milosti, strpljivosti, dobrote, samokontrole, čistote i nježnosti. Kada ujedinimo sva ova obilježja, to postaje srce Isusa Hrista i Boga Oca koji je sama ljubav. Kada sumiramo, drugi ključ za ulazak u Novi Jerusalim je savršena ljubav.

Treći ključ sakriven u gradu Novi Jerusalim je dvanaest bisernih kapija. Kroz ovaj biser, Bog želi da mi shvatimo kako možemo da uđemo u Novi Jerusalim. Biser je mnogo drugačije napravljen od drugog dragog kamenja. Svo zlato, srebro i dragocijeno kamenje koje čini 12 kamenova temeljaca, oni svi potiču sa zemlje. Ali je jedinstveno da biser pravi živo biće.

Većina bisera prave biserne ostrige. Biserna ostriga trpi bol i luči sedef da napravi biser. Na isti način, Božja djeca isto moraju da istraju u bolu sve dok ne povrate potpuno Božji lik.

Bog Otac želi da dobije ovu djecu koja se ne uprljaju ponovo nakon što su oprana krvlju Isusa Hrista, već savršenom vjerom udovoljavaju Bogu Ocu. Imati ovu savršenu vjeru zahteva od nas da imamo iskreno srce. Mi možemo da imamo iskreno srce onda kada uklonimo sve grijehove i zlo iz našeg srca i umjesto toga ga ispunimo dobrotom i ljubavlju. Mi možemo da imamo iskreno srce onda kada uklonimo sve grijehove i zlo iz našeg srca I umjesto toga ga ispunimo dobrotom i ljubavlju.

Zbog toga nam Bog dozvoljava iskušenja vjere sve dok nemamo iskreno srce i savršenu vjeru. On nam daje da otkrijemo grijehove i zlo u svojim srcima u različitim situacijama. Kada pronađemo naše grijehove i zlo, mi ćemo osjetiti bol u našem srcu. To je kao kad oštar uljez uđe u ostrigu i zabije se u meko meso. Baš kao što na isti način biserna ostriga pokriva neželjenog uljeza sedefom sloj za slojem, dodajući debljinu sloj za slojem, kada mi prolazimo kroz iskušenja sa vjerom, sedef naših srca će postati deblji. Kao što biserna ostriga pravi biser, mi vjernici takođe moramo da napravimo duhovni biser da bi otišli u Novi

Jerusalim. Ovo je treći ključ za ulazak u Novi Jerusalim.

Želim da vi razumijete duhovna značenja utisnuta u gradskim zidovima Novog Jerusalima, dvanaest kapija zidova i dvanaest kamenova temeljaca, i da imate ta tri ključa za ulazak u Novi Jerusalim imajući duhovne kvalifikacije.

Poglavlje 7

Čarobni prizor

1. Nema potrebe za sunčevim zrakom ili mjesečevim sjajem

2. Ushićenje Novim Jerusalimom

3. Zauvijek žijveti sa Gospodom, našim mladoženjom

4. Slava stanovnika Novog Jerusalima

Apostol Jovan, kome je Sveti Duh pokazao Novi Jerusalim, zapisao je izgled grada do detalja dok je odozgo, sa višeg mjesta, gledao na njega. Jovan je dugo vremena žudio da vidi unutrašnjost Novog Jerusalima, i kada je konačno vidio unutrašnjost Grada čiji izgled je bio tako lijep, to ga je dovelo u stanje ekstaze.

Ako imamo kvalifikacije da uđemo u Novi Jerusalim i stanemo ispred kapije, mi ćemo moći da vidimo otvorenu lučno oblikovanu bisernu kapiju, koja je nam sama toliko velika da joj se ne vide krajevi.

U tom trenutku, neopisivo lijepa svjetlost iz grada Novog Jerusalima izlazi i okružuje naša tijela. Osjećamo veliku ljubav Božju u momentu i ne možemo da kontrolišemo suze koje liju potocima.

Osjećajući preplavljujuću ljubav Boga Oca koji nas štiti Njegovim plamenim očima, milost Gospoda koji nam je oprostio Njegovom krvlju na krstu, i ljubav Svetog Duha koji boravi u našim srcima, koji nas je vodio da živimo u istini, mi odajemo beskonačnu slavu i poštovanje.

Dozvolite nam da istražimo detalje o gradu Novom Jerusalimu bazirane na procjeni apostola Jovana.

1. Nema potrebe za sunčevim zrakom ili mjesečevim sjajem

Apostol Jovan, gledajući unutrašnji prizor Novog Jerusalima

koji je bio ispunjen Božjom slavom, priznao je sljedeće:

> *I grad ne potrebuje ni sunce ni mjesec da svijetle u njemu; jer ga slava Božija prosvijetli, i žižak je njegov Jagnje* (Otkrivenje Jovanovo 21:23).

Novi Jerusalim je ispunjen Božjom slavom pošto Bog Lično boravi tu i vlada gradom, i to je vrhunac duhovnog kraljevstva na kome je Bog sebe stvorio u Trojstvo zbog ljudske kultivacije.

Božja slava obasjava Novi Jerusalim

Razlog zbog koga je Bog postavio mjesec i sunce na ovu zemlju je da bismo mi prepoznali dobro i zlo, i razaznali duh od tijela krz svjetlost i tamu kako bi mogli da živimo kao iskrena Božja djeca. On zna sve o duhu i tijelu, i dobru i zlu, ali ljudska bića ne mogu da shvate ove stvari bez ljudske kultivacije zato što su oni samo stvorenja.

Kada je prvi čovjek Adam bio i Edenskom vrtu prije početka ljudske kultivacije, on nije nikada mogao da spozna zlo, smrt, tamu, siromaštvo, ili bolest. Zbog toga on nije mogao da shvati pravo značenje i radost života ili da bude zahvalan Bogu koji mu je dao sve, mada je njegov život bio u izobilju.

Zbog ovoga, da bi Adam spoznao pravu sreću, on je morao da prolije suze, žali, pati od bola i bolesti i iskusi smrt, a ovo je proces ljudske kultivacije. Molim vas pogledajte u *Poruci sa Krsta* za više detalja.

Najzad, Adam je počinio grijeh neposlušnosti time što je jeo sa drveta spoznaje dobra i zla, bio je izbačen na ovu zemlju, i iskusio je ralativnost. Samo poslije toga mogao je da razumije koliko je obilan, srećan i lijep njegov život bio u Edenskom vrtu, i mogao je da zahvali Bogu svojim iskrenim srcem.

Njegovi potomci su takođe mogli da razlikuju svjetlost i tamu, duh i tijelo, i dobro od zla kroz ljudsku kultivaciju dok su prolazili kroz mnoge nevolje. Zato, jednom kada primimo spasenje i odemo na nebo, svjetlost sunca ili mjeseca koja je bila potrebna za ljudsku kultivaciju neće više biti potrebna.

Pošto Bog Lično boravi u gradu Novi Jerusalim, tamo uopšte nema tame. Štaviše, svjetlo Božje slave sija najviše u Novom Jerusalimu; sasvim prirodno, grad nema potrebe za suncem ili za mjesecom, ili za ikakvom lampom ili svjetlom da ga obasjava.

Jagnje koje je lampa Novog Jerusalima

Jovan nije mogao da pronađe ništa što odaje svjetlost poput sunca ili mjeseca, ili bilo koju vrstu sijalica. To je zbog toga što je Isus Hrist, koji je Jagnje, postao lampa u gradu Novom Jerusalimu.

Pošto je Adam počinio grijeh neposlušnosti, ljudska rasa je morala da padne na put smrti (Poslanica Rimljanima 6:23). Bog ljubavi poslao je Isusa na ovu zemlju da razriješi ovaj problem grijeha. Isus, Sin Božji koji je došao u tijelu na ovu zemlju, očistio je naše grijehe prolivajući Svoju krv, i postao je prvi plod uskrsnuća pobjedivši moć smrti.

Kao ishod, svi oni koji prihvate Isusa kao svog ličnog spasitelja dobijaju život i mogu da sudeluju u uskrsnuću, uživaju u vječnom životu na nebu, i prime odgovore na šta god da pitaju na ovoj zemlji. Štaviše, Božja djeca mogu sada da postanu svjetlost ovog svijeta živeći i sami u svjetlosti, i mogu da daju slavu Bogu kroz Isusa Hrista. Drugim riječima, kako lampa može da daje svjetlost, svjetlo Božje slave sija mnogo jače kroz Spasitelja Isusa.

2. Ushićenje Novim Jerusalimom

Kada pogledamo u Grad Novi Jerusalim izdaleka, možemo da vidimo lijepe zgrade napravljene od mnogih vrsta dragocijenog kamenja i zlata kroz oblake slave. Čini se da je cijeli grad živ sa mješavinom mnogih vrsta svjetlosti: svjetlost izlazi iz kuća napravljenih od dragog kamenja; svjetlost Božje slave; i svjetlost koja dolazi iz zidova napravljenih od jaspisa i čistog zlata jasnih i plavičastih boja.

Kako možemo najbolje da izrazimo riječima emocije i uzbuđenje pri ulasku u Novi Jerusalim? Grad je tako lijep, veličanstven i zanosan van naše mašte. U centru Grada je Božji prijesto, izvor Rijeke vode života. Oko Božjeg prijestolja su kuće Ilije, Enoha, Avrama, i Mojsija, Marije Magdalene i Djevice Marije, svih onih koje je Bog veoma mnogo volio.

Zamak Gospodnji

Zamak Gospodnji je smješten na desnoj strani i niže od Božjeg prijestola, gdje Bog boravi na bogosluženjima ili banketima u gradu Novom Jerusalimu. U Gospodnjem zamku, ima ogromna zgrada sa zlatnim krovom u sredini, i okolo njega se u beskonačnost šire mnoge različite zgrade. Naročito ima mnogo krstova slave, okruženih blistavim svjetlima, nad zlatnim krovovima u obliku kupola. Oni nas podsjećaju na činjenicu da smo dobili spasenje i da smo stigli na nebo zato što je Isus uzeo krst.

Velika zgrada u centru je građevina oblika valjka, ali pošto je ukrašena sa mnogo prefinjeno obrađenih dragulja, divna svjetlost sija iz svakog dragulja i mješa se da napravi boje duge. Ako treba da uporedimo Gospodov zamak sa bilo kojom ljudskom rukom napravljenom zgradom na zemlji, najviše liči na katedralu Svetog Vasilija u Moskvi, u Rusiji. Međutim, stil, material i veličina nikako se ne može uporediti sa najveličanstvenijom zgradom ikad dizajniranom ili izgrađenom na ovoj zemlji.

Osim ove zgrade u centru, ima mnogo zgrada u zamku Gospodnjem. Bog Otac je Lično obezbjedio ove zgrade tako da oni koji imaju bliske duhovne odnose mogu da borave sa svojim voljenima. Kuće dvanaest učenika su poređane u liniji, okrenute prema zamku Gospodnjem. Naprijed su kuće Petra, Jovana i Jakova, a kuće ostalih učenika su iza njih. Ono šta je posebno je da u Gospodovom zamku ima mjesta za Mariju Magdalenu i Djevicu Mariju da tamo borave. Naravno, ova mjesta su da te dvije žene borave privremeno kada ih pozove Gospod, a njihova prava boravišta koja liče na zamak, smještena su blizu Božjeg prijestolja.

Zamak Svetog Duha

Sa leve strane i niže od Božjeg prijestolja je zamak Svetog Duha. Ovaj ogroman zamak predstavlja blage i meke, majčinske karakteristike Svetog Duha sa mnogo zgrada različitih veličina, skladno oblikovanih u kupolu.

Krov najveće zgrade u centru zamka je kao jedan veliki dio sarda, koji predstavlja strast. Okolo ove zgrade teče Rijeka vode života koja izvire iz prijestolja Božjeg i zamka Gospodovog.

Svi zamkovi u Novom Jerusalimu su nemjerljivo veliki i veličanstveni, ali zamkovi Gospoda i Svetog Duha su posebno veličanstveni i lijepi. Njihova veličina je približnija veličini nekog grada nego zamka, i oni su izgrađeni u posebnom stilu. Ovo je zato što, za razliku od drugih kuća koje su izgradili anđeli, njih je izgradio Lično Bog Otac. Štaviše, kao zamak Gospodnji, i kuće onih koji su se ujedinili sa Svetim Duhom i ispunili Božje kraljevstvo u eri Svetog Duha, izgrađene su divno oko zamka Svetog Duha.

Veliki Hram

Ima mnogo zgrada koje se grade okolo zamka Svetog Duha, i posebno ima jedna veličanstvena i velika zgrada. Ona ima okrugli krov i dvanaest velikih stubova, i ima dvanaest velikih kapija između stubova. Ovo je Veliki Hram napravljen po uzoru na grad Novi Jerusalim.

Međutim, Jovan u Otkrivenju Jovanovom 21:22, kaže: „*I crkve ne vidjeh u njemu: jer je njemu crkva Gospod Bog Svedržitelj, i Jagnje.*" Zašto Jovan nije mogao da vidi crkvu? Ljudi obično misle da je Bogu potrebno mjesto za boravak, npr. u zamku na način na koji nama treba mjesto stanovanja. Zato, na ovoj zemlji, mi Mu služimo u hramovima gdje se Riječ Božja propovijeda.

Kao što tvrdi Jevanđelje po Jovanu 1:1: „*U početku beše Riječ, i Riječ beše u Boga, i Bog beše Riječ,*" gdje je Riječ, tamo je Bog; gdje god da je Riječ propovjedana tamo je hram. Međutim, Bog lično boravi u gradu Novom Jerusalimu. Bog, koji je Sama Riječ, i Gospod koji je jedan sa Bogom, borave u gradu Novom Jerusalimu, tako da nijedan drugi hram nije potreban. Dakle, preko apostola Jovana, Bog nam daje do znanja da nijedan hram nije potreban i da su Bog i Gospod taj hram u Novom Jerusalimu.

Onda, ostalo nam je da se pitamo, zašto se Veliki Hram koji nije bio tu tokom Jovanovog vremena, gradi danas? Kao što nalazimo u Djelima Apostolskim 17:24: *„Bog koji je stvorio svijet i sve što je u njemu, On budući Gospodar neba i zemlje, ne živi u rukotvorenim crkvama, "* Bog ne boravi u zgradi neke određene crkve.

Isto tako, iako je Božji prijesto na nebu, On i dalje želi da izgradi Veliki Hram koji predstavlja Njegovu slavu; Veliki Hram postaje čvrst dokaz u pokazivanju Božje moći i slave širom svijeta.

Danas ima mnogo veličanstvenih i velikih zgrada na ovoj zemlji. Ljudi investiraju ogromne svote novca i grade prelijepe građevine za sopstvenu slavu u skladu sa svojim željama, ali niko ne čini to isto za Gospoda, koji je zaista vrijedan slavljenja. Zato Bog želi da izgradi ovaj divan i veličanstveni Veliki Hram kroz Njegovu djecu koja su primila Svetog Duha i postala posvećeni. On, onda, želi da Ga sa ovim doslijedno slave ljudi svih nacija (1. Dnevnika 22:6-16).

Slično tome, kada Veliki Hram bude izgrađen na način na koji to Bog želi, svi ljudi svih nacija će slaviti Boga i pripremiće sebe za mlade Gospodove da Ga prime. Zbog toga je Bog pripremio Veliki Hram kao centar evangelizacije da povede bezbrojne ljude ka putu spasenja, i da ih povede u Novi Jerusalim na kraju vremena. Ako shvatimo ovo proviđenje Božje, izgradimo Veliki Hram, i slavimo Boga, On će nas nagraditi u skladu sa našim djelima i izgradiće istovjetan Veliki Hram u Gradu Novom Jerusalimu.

Otuda, kada gledamo Veliki Hram napravljen od dragog kamenja i zlata koji ne mogu da se uporede ni sa jednim zemaljskim materijalom, oni koji uđu na nebo biće vječno zahvalni za Božju ljubav koja nas je vodila na putu slave i blagoslova kroz ljudsku kultivaciju.

Nebeske kuće ukrašene dragim kamenjem i zlatom

Oko zamka Svetog Duha su kuće koje su ukrašene mnogim vrstama dragog kamenja, i ima mnogo kuća koja su još u izgradnji. Možemo da vidimo mnogo uposlenih anđela koji tu i tamo namještaju divno drago kamenje ili čiste prostor oko kuća. Na ovaj način Bog daje nagrade u skladu sa djelima svakog pojedinca i stavlja ih u njegovu ili njenu kuću.

Bog mi je jednom pokazao kuće dvoje veoma odanih službenika ove crkve. Jedna od njih je bila izvor velike snage crkve moleći se dan i noć za kraljevstvo Božje, pa je njena kuća izgrađena sa mirisom molitve i istrajnosti, i od ulaza je ukrašena sjajnim dragim kamenjem.

Takođe, da bi smjestio njene slatke osobine, u jednom uglu bašte se nalazi sto za kojim može da pije čaj sa svojim voljenima. Ima mnogo vrsta sitnog cvijeća različitih boja na travnjaku. Ovo opisuje samo ulaz u baštu kuće te osobe. Da li možete da zamislite koliko veličanstvenija će biti glavna zgrada?

Druga kuća koju mi je Bog pokazao pripada radnici koja se posvijetila književnoj evangelizaciji na ovoj zemlji. Mogao sam da vidim jednu sobu među mnogim u glavnoj zgradi. U toj sobi se nalazi sto, stolica i svijećnjak, sve napravljeno od zlata, i mnogo knjiga. Ovo je da nagradi i u znak sjećanja na njena rad u slavljenju Boga kroz literarnu evangelizaciju, i zato što Bog zna da ona veoma uživa u čitanju.

Takođe, Bog ne samo da sprema naše nebeske kuće već nam i daje takve divne predmete koje ne možemo ni da zamislimo kako bi nas nagradio što smo ostavili i napustili naša zemaljska zadovoljstva na ovoj zemlji da bi se potpuno posvijetili ispunjenju Božjeg kraljevstva.

3. Zauvijek žijveti sa Gospodom, našim mladoženjom

U gradu Novi Jerusalim, konstantno se održava mnogo banketa, uključujući i onaj koji održava Bog Otac. To je zato što oni koji žive u Novom Jerusalimu mogu da pozovu braću i sestre koji žive na drugim mjestima na nebu.

Koliko će to uzvišeno i srećno biti ako možete da živite u Novom Jerusalimu i da vas pozove Gospod da dijelite ljubav sa Njim i prisustvujete ugodnim banketima!

Topla dobrodošlica u Gospodovom zamku

Kada ljude u Novom Jerusalimu pozove Gospod njihov mladoženja, oni se ukrašavaju kao najljepše mlade i radosnih srca se okupljaju u Gospodovom zamku. Kada ove Gospodove mlade stignu u Njegov zamak, dva anđela sa svake strane blistave glavne kapije učtivo im požele dobrodošlicu. Tada miris iz zidova ukrašenih mnogim dragim kamenjem i cvijeće okružuju njihova tijela da bi doprineli njihovoj radosti.

Odmah po ulasku kroz glavnu kapiju, zvuk hvalospjeva koji dodiruje najdublju stranu duha slabo se čuje. Onda, pošto čuju ovaj zvuk, mir, radost i zahvalnost za Božju ljubav preplavljuju njihova srca zato što znaju da ih je On doveo tamo.

Dok hodaju zlatanim putem jasnim kao staklo da dođu do glavne zgrade, u pratnji anđela prolaze pored mnogih lijepih zgrada i bašta. Sve dok ne stignu do glavne zgrade, njihovo srce bije u nadi da će vidjeti Gospoda. Kako prilaze glavnoj zgradi, sada već mogu da vide Samog Gospoda koji čeka da ih primi. Suze blokiraju njihov pogled ali oni trče ka Gospodu u iskrenoj želji da Ga vide makar i sekundu ranije. Gospod ih čeka širom raširenih ruku i, licem punim ljubavi i blaženosti, On grli svakog od njih.

Gospod im kaže: „Dođite, Moje prelijepe mlade! Vi ste više nego dobrodošli!" Oni koji su pozvani priznaju svoju ljubav u Njegovom naručju, govoreći: „Ja sam zahvalan iz dubine moga srca što si me pozvao!" Onda, oni šetaju tamo amo sa rukom u ruci sa Gospodom poput duboko zaljubljenog para i imaju prijatne razgovore za kojima su žudeli još dok su živeli na ovoj zemlji. Sa desne strane glavne zgrade je veliko jezero, i Gospod objašnjava do detalja Njegova osjećanja i okolnosti vremena Njegovog službovanja na zemlji.

Pored jezera koje podsjeća na more Galilejsko

Zašto ih ovo jezero podsjeća na more Galilejsko? Bog je napravio ovo jezero u znak sjećanja zato što je Gospod počeo i uradio je mnogo tokom Njegovog službovanja oko Galilejskog mora (Jevanđelje po Mateju 4:23). U Isaiji 9:1, čitamo: „*Ali neće se onako zamračiti pritešnjena zemlja kao prije kad se dotače zemlje Zavulonove i zemlje Neftalimove, ili kao poslije kad dosađivaše na putu k moru s one strane Jordana Galileji neznabožačkoj.*" Bilo je prorečeno da će Gospod početi sa Svojim službovanjem na moru Galilejskom, i proročanstvo se ispunilo.

Mnoge ribe koje ispuštaju svjetlosti različitih boja plivaju u ovom velikom jezeru. U Jevanđelju po Jovanu 21, uskrsli Gospod pojavio se pred apostolom Pavlom koji nije uhvatio ni jednu ribu i rekao mu je: „*Bacite mrežu s desne strane lađe, i naći ćete*" (stih 6), a kada je Petar to i učinio, uhvatio je 153 ribe. U jezeru u zamku Gospodovom ima takođe 153 riba, i ovo je takođe u sjećanje na Gospodovo službovanje. Kada ove ribe iskoče u vazduh i učine neodoljive trikove, njihova boja se mijenja na mnogo načina kako bi doprinela radosti i zadovoljstvu pozvanih.

Gospod šeta po ovom jezeru baš kao što je to činio u moru Galilejskom na ovoj zemlji. Onda, oni koji su pozvani će stajati okolo jezera sa zadovoljstvom i žudiće da čuju Gospodovo propovijedanje. On objašnjava do detalja situaciju kada je šetao po moru Galilejskom na ovoj zemlji. Onda, Petar, koji je mogao da hoda po vodi samo na momenat na ovoj zemlji povinovavši se Riječi Gospodovoj, biće tužan što je potonuo u vodu zbog male vjere (Jevanđelje po Mateju 14:28-32).

Muzej u čast Gospodovog službovanja

Posjećujući različita mjesta sa Gospodom, ljudi sada misle o vremenu njihove kultivacije na ovoj zemlji, i preplavljeni su ljubavi Oca i Gospoda koji su pripremili nebo. Oni dolaze do muzeja na lijevoj strani glavne zgrade u Gospodovom zamku. Bog Otac ga je Lično izgradio u znak sjećanja na Gospodovo službovanje na zemlji kako bi ljudi mogli da vide i osjete ga kao stvarnost. Na primjer, mjesto gdje je Isusa osudio Pontije Pilat i Via Dolorosa gdje je On nosio krst gore do Golgote su ponovo na isti način izgrađeni. Kada ljudi vide ova mjesta, Gospod detaljno objašnjava tadašnje situacije.

Prije kratkog vremena, inspirisan Svetim Duhom, došao sam do saznanja šta je Gospod tada ispovijedio, i želio bih da dio toga podijelim sa vama. To je iskrena ispovjest Gospodnja, koji je došao na ovu zemlju nakon što je napustio svu slavu na nebu, koju je On učinio dok se peo na Golgotu sa krstom.

Oče! Moj Oče!
Moj Oče, koji si savršen u svjetlosti,
Ti zaista sve voliš!
Zemlja na koju sam Ja stao
prvi put sa Tobom,
i ljudi,
još od kako su stvoreni,
sada su toliko iskvareni...

Sada Ja shvatam
zašto si me Ti poslao ovdje,

zašto si mi Ti dozvolio ova iskušenja
koja su došla iz iskvarenih srca ljudi,
i zašto si mi Ti dozvolio da dođem ovdje dole
sa veličanstvenog mjesta na nebu!
Sada Ja mogu da osjetim i razumijem
sve ove stvari
u dubini Moga srca.

Ali Oče!
Ja znam da ćes Ti sve naknaditi
u Tvojoj pravdi i skrivenim tajnama.
Oče!
Sve ove stvari su trenutne.
Ali zbog slave
Ti ćeš dati Mene,
i puteve svjetlosti
koje si Ti otvorio za ove ljude,
Oče,
Ja uzimam ovaj krst sa nadom i radošću.

Oče, Ja sam sposoban da idem ovim putem
zato što Ja vjerujem
da ćeš Ti otvoriti ovaj put i svjetlo
sa Tvojom dozvolom i u Tvojoj ljubavi,
i Ti ćeš obasjati Tvog Sina
divnim svjetlima
kada se sve ove stvari završe
za kratko vrijeme.

Oče!
zemlja po kojoj sam Ja nekada gazio je napravljena od zlata,
putevi po kojima sam Ja hodao su takođe od zlata,
mirisi cvijeća koje sam Ja nekada mirisao
ne mogu se uporediti sa
onim na ovoj zemlji,
materijali odjeće
koje sam Ja nosio
su tako drugačiji od ovih,
a mjesto na kojem sam Ja živio je
tako veličanstveno mjesto.
I Ja bih želio da ovi ljudi
upoznaju ovo lijepo i mirno mjesto.

Oče,
Ja shvatam svaki dio Tvog proviđenja.
Zašto si Me Ti rodio,
zašto si Mi Ti dao ovu dužnost,
i zašto si mi Ti dozvolio da dođem ovdje dole
da stupim na ovu iskvarenu zemlju,
i da čitam misli iskvarenih ljudi.
Ja slavim Tebe Oče,
zbog Tvoje ljubavi, veličine,
i svih ovih stvari koje su bez mane.

Moj dragi Oče!
Ljudi misle da se Ja ne branim,
da tvrdim da sam kralj Jevreja.
Ali Oče,

kako oni mogu da shvate uspomene
koje izlaze iz Mog srca,
ljubav za Oca koja izlazi iz Mog srca,
ljubav za ove ljude
koja izlazi iz Mog srca?

Oče,
mnogi ljudi će shvatiti i razumijeti
stvari koje će se kasnije dogoditi
kroz Sveti Duh
Ti ćeš im dati kao poklon
nakon što Ja odem.
Zbog ovog momentalnog bola,
Oče, ne prolivaj suze
i ne odvraćaj Tvoje lice od Mene.
Ne dozvoli da Tvoje srce bude ispunjeno bolom,
Oče!

Oče, Ja te volim!
Sve dok ne budem razapet,
prolijem Moju krv i izdahnem Moj poslednji dah,
Oče, Ja mislim o svim stvarima
i o srcu ovih ljudi

Oče, nemoj da žališ
već budi slavljen kroz Svog Sina,
i proviđenje i svi planovi Oca
biće potpuno ispunjeni sad i navijek.

Gospod Isus objašnjava šta je bilo u Njegovim mislima dok je bio na krstu; slavu neba; Sebe dok stoji ispred Oca; ljude; razlog zašto je Otac morao Njemu dati tu dužnost, i tako dalje.

Oni koji su pozvani u zamak Gospodnji prolivaju suze dok slušaju ovo i zahvaljuju Gospodu sa suzama što je ponio krst u njihovu korist, i priznaju iz dubine svojih srca: „Moj Gospode, Ti jesi moj iskreni Spasitelj!"

U sjećanje na Gospodova teškoće, Bog je napravio mnogo puteva od dragog kamenja u zamku Gospodovom. Kada neko šeta ovim putevima izgrađenim i ukrašenim mnogim dragim kamenjem različitih boja, svjetlosti postaju svjetlije i dobija se osjećaj hodanja po vodi. Štaviše, u znak sjećanja na raspeće na krstu radi iskupljenja ljudskih bića od njihovih grijehova, tamo je Bog Otac napravio drveni krst umazan krvlju. Tu je i štala Vitlejemska u kojoj je Gospod rođen, i ima mnogo stvari da se vide i da se osjeti Gospodovo službovanje kao stvarnost. Kada ljudi poste ova mjesta, oni mogu da jasno vide i čuju o Gospodovom djelu tako da mogu dublje da osjete ljubav Gospoda i Oca i daju slavu i zahvalnost za navijek.

4. Slava stanovnika Novog Jerusalima

Novi Jerusalim je najdivnije mjesto na nebu dato kao nagrada onima koji su dostigli posvećenost u njihovim srcima i bili odani u cijeloj Božjoj kući. Otkrivenje Jovanovo 21:24-26, govori nam kakvi ljudi dobijaju slavu ulaska u Novi Jerusalim:

I narodi koji su spaseni hodiće u vidjelu njegovom,

i carevi zemaljski doneće slavu i čast svoju u njega. I vrata njegova neće se zatvarati danju, jer onde noći neće biti; i oni će donjeti slavu i čast nacija u njega.

Narodi će hodati u njegovoj svjetlosti

Ovdje se „narodi" odnosi na sve ljude koji su spašeni bez obzira na njihovu etničko porijeklo. Iako se kod ljudi državljanstvo, rasa i druga obilježja razlikuju od osobe do osobe, jednom kada su spašeni kroz Isusa Hrista, svi ono postaju Božja djeca sa pravom boravka u nebeskom kraljevstvu.

Zato, izraz „narodi će hodati u njegovoj svjetlosti" znači da će sva Božja djeca hodati u svjetlu Božje slave. Međutim, neće sva djeca Božja imati slavu da slobodno dođu u Grad Novi Jerusalim. To je zbog toga što oni koji borave u Raju, Prvom, Drugom, i Trećem kraljevstvu nebeskom mogu da uđu u Novi Jerusalim samo na osnovu pozivnice. Samo oni koji su potpuno posvećeni i bili su odani u cijeloj Božjoj kući mogu da imaju tu čast da zauvijek vide Boga Oca licem u lice u Novom Jerusalimu.

Kraljevi zemaljski će donjeti njihovu slavu

Fraza „kraljevi zemaljski" se odnosi na one koji su nekada bili duhovne vođe na ovoj zemlji. Oni sijaju kao dvanaest dragih kamenovaa temeljaca zidova Novog Jerusalima i imaju kvalifikacije da vječito borave u Gradu. Slično tome, oni koje Bog priznaje, kada stanu ispred Njega, donjeće sa sobom darove koje su pripremili svim svojim srcem. Pod „darovima" mislim na sve sa čime su davali slavu Bogu svojim srcem koje je čisto i jasno kao kristal.

Zato, „kraljevi zemaljski će donjeti njihovu slavu u njega" znači da će oni priprijemiti kao darove sve stvari na kojima su istrajno radili za Božje kraljevstvo i odavali Mu slavu, i sa njima će ući u Novi Jerusalim.

Kraljevi zemaljski daju darove kraljevima veće i jače nacije kao način laskanja, ali dar Bogu je dat sa zahvalnošću jer ih je vodio ka putu spasenja i vječnog života. Bog radosno prima ovaj dar i nagrađuje ih sa čašću da zauvjek ostanu u gradu Novom Jerusalimu.

U Novom Jerusalimu nema tame zato što Bog, koji je Sam svjetlost, boravi tamo. Pošto tamo nema noći, zla, smrti ili lopova, nije potrebno da se zatvaraju kapije Novog Jerusalima. Ipak, razlog iz koga Biblija kaže „danju" je zato što smo mi ograničeni u znanju i kapacitetu da potpuno razumijemo nebo.

Donositi slavu i čast nacija

Onda, šta znači izraz: „Oni će donjeti slavu i čast nacija u njega"? „Oni" se ovde odnosi na sve one, iz svih nacija svijeta, koji su primili spasenje i „oni će donjeti slavu i čast nacija u njega" znači da će ovi ljudi doći u Novi Jerusalim sa djelima sa kojima su dali slavu Bogu, dok su odavali aromu Isusa Hrista na ovoj zemlji.

Kada dijete naporno uči i njegove ocjene rastu, ono će se hvaliti svojim roditeljima. Roditelji će biti srećni zbog njega i biće ponosni na naporni trud njihovog djeteta, čak iako on možda nema najbolje ocjene. Isto tako, do one mjere do koje mi na ovoj zemlji činimo sa vjerom za carstvo Božje, toliko mi odajemo miris Isusa Hrista i dajemo slavu Bogu, i On je sa radošću prima.

Gore je spomenuto „kraljevi zemaljski će donjeti njihovu slavu u njega,“ i prvi razlog zbog koga piše „kraljevi zemaljski“ je da nam pokaže duhovni red ili poredak u kome ljudi dolaze pred Boga.

Oni koji su sa slavom kao sunce kvalifikovani da zauvjek ostanu u Novom Jerusalimu će prvi izaći pred Boga, praćeni onima koji su uvaženom slavom spašeni iz svih nacija. Mi moramo da shvatimo da ako nemamo kvalifikacije da zauvjek živimo u Novom Jerusalimu, mi samo povremeno možemo da posjetimo grad.

Oni koji nikad ne mogu da uđu u Novi Jerusalim

Bog ljubavi želi da svi prime spasenje i da svakog nagradi mjestom boravka i nebeskim nagradama u skladu sa njegovim ili njenim djelima. Zato će oni koji nemaju kvalifikacije da uđu u Novi Jerusalim, prema mjeri njihove vjere ući u Treće, Drugo ili Prvo nebesko kraljevstvo ili u Raj. Bog organizuje specijalne bankete i poziva ih u Novi Jerusalim kako bi i oni mogli da uživaju u sjaju grada.

Ipak, možete da vidite da postoje neki ljudi koji nikad ne mogu da uđu u Novi Jerusalim čak iako Bog želi da ima milost prema njima. Naime, oni koji nisu primili spasenje nikad ne mogu da vide sjaj Novog Jerusalima.

> *I neće u njega ući ništa pogano, i što čini mrzost*
> *i laž, nego samo koji su napisani u životnoj knjizi*
> *Jagnjeta (Otkrivenje Jovanovo 21:27).*

„Pogano" se ovde odnosi na osudu i presuđivanje drugima, i žalbe pri traženju sopstvenih interesa i koristi. Ovakva osoba preuzima ulogu sudije i osuđuje druge sopstvenom voljom, umjesto da ih razumije. „Mrzost" se ovde odnosi na sva djela koja dolaze iz mrskog srca na dvoličan način. Pošto ovi ljudi imaju jogunasta i nepouzdana srca i misli, oni daju hvalu samo kada prime odgovore na njihove molitve, ali ubrzo se žale i tuguju ako se suoče sa iskušenjima. Slično tome, oni sa sramnim srcem varaju svoju savjest i ne ustručavaju se da promjene svoje mišljenje u postizanju svojih ličnih interesa.

„Lažljiva" osoba je ona koja vara sebe i svoju savjest, i mi moramo da znamo da ova vrsta varanja postaje Satanina zamka. Ima nekih lažova koji lažu iz navike i nekih drugih koji govore laž za dobrobit drugih, ali Bog želi da mi odbacimo čak i ovu vrstu laži. Ima nekih ljudi koji ugrožavaju druge lažnim svjedočenjem, i ovakva osoba koja vara druge sa zlom namjerom neće biti spašena. Štaviše, oni koji varaju Svetog Duha ili u Božjim djelima, se takođe smatraju „lažovima." Juda Iskariotski, jedan od dvanaest učenika Isusovih, bio je zadužen za vrećicu s novcem i stalno je varao u Božjim djelima tako što je krao iz blagajne, i čineći druge grijehove. Kada ga je Satana konačno ušao u njega, on je prodao Isusa za trideset srebrnjaka pa je zauvjek odbačen.

Ima nekih ljudi koji vide kako su bolesni ljudi izlečeni i demoni istjerani uz pomoć Svetog Duha u moći Božjoj, ali ipak poriču ova djela i umjesto toga govore da su to djela Satane. Ovi ljudi ne mogu da uđu na nebo zato što hule i govore protiv Svetog Duha. Mi ne treba da govorimo laži u bilo kojim okolnostima u Božjim očima.

Oni čija su imena izbrisana iz Knjige života

Kada smo spašeni vjerom, naša imena su zapisana u Knjizi života Jagnjeta (Otkrivenje Jovanovo 3:5). Ipak, ovo ne znači da će svako ko je prihvatio Isusa Hrista biti spašen. Mi stvarno možemo biti spašeni samo kada činimo po Božjoj Riječi i sličimo srcu Gospodnjem očišćenjem naših srca. Ako i dalje činimo u neistini, čak i kada prihvatimo Isusa Hrista, naša imena biće izbrisana iz Knjige života i na kraju nećemo ni primiti spasenje.

O ovome nam Otkrivenje Jovanovo 22:14-15 govori da su blagosloveni oni koji operu svoju odjeću, a oni koji ne operu svoju odjeću neće biti spašeni:

> *Blago onome koji tvori zapovjesti Njegove, da im bude vlast na drvo života, i da uđu na vrata u grad. A napolju su psi i vračari i kurvari i krvnici i idolopoklonici i svaki koji ljubi i čini laž.*

„Psi" se ovde odnosi na one koji čine neistinu ponovo i ponovo. Oni koji se ne preobrate od svojih zlih djela već nastavljaju da ponavljaju zlo nikada ne mogu biti spašeni. Oni su poput psa koji se vraća svojoj bljuvotini i koritu, odmah nakon što je opran, vraća se svom valjanju u blatu. Ovo je zato što se čini da su odbacili svoje zlo, ali ponavljaju svoje zle načine, i čini se da su postali bolji, ali su se vratili zlu.

Međutim, Bog prepoznaje vjeru onih koji se trude da čine dobra djela čak iako ne mogu u potpunosti da rade u skladu sa Božjom Riječi. Oni će na kraju biti spašeni zato što se još mijenjaju, a Bog smatra da je njihov napor vjera.

„Vračari" se odnosi na „one koji izvode magiju." Oni se ponašaju gnusno, i čine da drugi obožavaju lažne bogove. Ovo je veoma, veoma mrsko Bogu.

„Osobe kurvari" čine preljubu čak iako on/ona ima suprugu ili supruga. Voljeti išta više nego Boga, to nije samo fizička preljuba već je takođe i duhovna preljuba. Ako se osoba koja je uživo iskusila živog Boga i shvatila Njegovu ljubav ipak okreće da druge zemaljske stvari kao što su novac ili porodica više voli nego što voli Boga, ta osoba čini duhovnu preljubu, a to nije ispravno pred Bogom.

„Krvnici" čine fizička ili duhovna ubistva. Ako znate duhovno značenje „ubistva," vi vjerovatno nećete moći da hrabro kažete da nikog niste ubili. Duhovno ubistvo je da izazovete da Božja djeca zgriješe i da izgube njihov duhovni život (Jevanđelje po Mateju 18:7). Ako izazovete neki bol drugima sa bilo čime što je protiv istine, to je takođe duhovno ubistvo (Jevanđelje po Mateju 5:21-22).

Takođe, duhovno ubistvo je i mrzeti, zavidjeti i biti ljubomoran, suditi, osuđivati, svađati se, naljutiti se, varati, lagati, gložiti se i praviti razdor, klevetati i biti bez ljubavi i milosti (Poslanica Galaćanima 5:19-21). Ponekad, međutim, ima nekih ljudi koji gube svoje uporište u svom vlastitom zlu. Na primjer, ako oni ostave Boga ako ih razočara neko iz crkve, to je za zlo njima samima. Da su oni zaista vjerovali u Boga, oni nikada ne bi izgubili svoje uporište.

Takođe, „idolopoklonici" je jedna od stvari koje Bog mrzi najviše. U obožavanju idola, postoji fizičko obožavanje idola i duhovno obožavanje idola. Fizičko obožavanje idola je je napraviti neodređeni lik boga i obožavati ga (Isaija 46:6-7).

Duhovno obožavanje idola je sve ono što volite više od Boga. Ako neko voli svog supružnika ili djecu više nego što on/ona voli Boga u postizanju svojih ličnih želja, ili prekrši Božje zapovjesti voleći novac, ugled, ili znanje više nego što on/ona voli Boga, ovo je duhovno obožavanje idola.

Ovakvi ljudi, bez obzira koliko uzvikivali „Gospode, Gospode" i posjećivali crkvu, ne mogu biti spašeni i ući na nebo zato što ne vole Boga.

Zato, ako ste prihvatili Isusa Hrista, primili Svetog Duha kao Božji dar, i vaše ime je zapisano u Knjigu života Jagnjeta, molim vas da imate na umu da vi možete da uđete na nebo i napredujete ka Novom Jerusalimu samo kada činite po Božjoj Riječi.

Novi Jerusalim je mjesto gdje mogu da uđu samo oni koji su potpuno posvećeni u svojim srcima i odani u cijeloj Božjoj kući.

Sa jedne strane, oni koji uđu u Novi Jerusalim mogu da sretnu Boga licem u lice, imaju prijatne razgovore sa Gospodom, i uživaju u neopisivoj časti i slavi. Sa druge strane, oni koji ostaju u Raju, Prvom, Drugom, ili Trećem nebeskom kraljevstvu mogu da posjete grad Novi Jerusalim samo onda kada budu pozvani na posebne bankete uključujući one koje pravi Bog Otac.

Poglavlje 8

„Vidio sam Sveti grad, Novi Jerusalim"

1. Nebeske kuće nezamislivih veličina

2. Veličanstven zamak sa kompletnom privatnošću

3. Znamenita mjesta na nebu

„Blago vama ako vas uzasramote
i usprogone i kažu na vas
svakojake rđave riječi lažući,
Mene radi. Radujte se i veselite
se, jer je velika plata vaša na
nebesima, jer su tako progonili
proroke prije vas. "

- Jevanđelje po Mateju 5:11-12 -

U gradu Novom Jerusalimu, nebeske kuće su napravljene tako da bi ljudi čija srca potpuno oslikavaju Božje srce kasnije živjeli u njima. U skladu sa ukusom svakog vlasnika ponaosob, grade ih arhanđeli i anđeli koji zaduženi za gradnju i uz Boga kao nadzornika. Ovo je privilegija u kojoj samo oni koji uđu u Novi Jerusalim mogu da uživaju. Ponekad, Sam Bog izdaje naređenje nekom arhanđelu da napravi kuću specijalno za određenu osobu tako da bi bila izgrađena tačno po ukusu vlasnika. On ne zaboravlja ni jednu jedinu kap suze koju su Njegova djeca prolila za Njegovo kraljevstvo i nagrađuje ih divnim i dragocijenim kamenjem.

Kao što nalazimo u Jevanđelju po Mateju 11:12, Bog nam jasno govori da do mjere do koje dobijamo duhovne bitke i rastemo u vjeri, možemo posjedovati još ljepše mjesto na nebu:

A od vremena Jovana Krstitelja do sad carstvo nebesko na silu se uzima, i siledžije dobijaju ga.

Bog ljubavi nas je mnogo godina vodio da nasilno napredujemo ka nebu, jasno nam pokazujući nebeske kuće Novog Jerusalima. Ovo je zato što je veoma blizu za Gospoda, koji je otišao da pripremi mjesto za nas, da se vrati.

1. Nebeske kuće nezamislivih veličina

U Novom Jerusalimu, postoji mnogo divnih kuća

nezamislivih veličina. Među njima je jedna predivna i veličanstvena kuća napravljena na velikoj površini. U centru je okrugli, divni i veličanstveni trospratni zamak, a oko zamka su mnoge zgrade i stvari za zabavu ili razne vrste vožnji koje se mogu naći u zabavnom parku koje upriličuju da ovo mjesto izgleda kao svjetski poznata turistička atrakcija. Šta je stvarno iznenađujuće je da ova nebeska, kuća nalik na grad, pripada osobi koja je odgajena na ovoj zemlji.

Blagosloveni su krotki, jer će naslijediti zemlju

Ako imamo finansijskih mogućnosti na ovoj zemlji, mi možemo da kupimo veliko imanje i po želji napravimo lijepu kuću. Međutim, na nebu, mi ne možemo ni da kupimo zemlju ni da napravimo kuću bez obzira na bogatstvo koje imamo, zato što nas Bog nagrađuje zemljom ili kućama prema našim djelima.

Jevanđelje po Mateju 5:5 kaže: „*Blagosloveni su krotki, jer će naslijediti zemlju.*" U zavisnosti od mjere do koje ličimo na Boga i ispunimo duhovne pokornosti na ovoj zemlji, mi možemo da „naslijedimo zemlju" na nebu. Ovo je zato što čovjek koji je duhovno pokoran može prigrliti sve ljude i oni mogu doći do njega i naći oslonac i utjehu. On će biti u miru sa svima u svim situacijama jer je njegovo srce meko i nježno kao paperje.

Međutim, ako mi prihvatimo ovaj svijet i idemo protiv istine kako bi bili u miru sa drugim ljudima, to uopšte nije duhovna pokornost. Neko ko je istinski pokoran ne može samo prigrliti mnogo ljudi sa nježnim i toplim srcem, nego i biti dovoljno hrabar i jak da rizikuje čak i svoj život za istinu.

Ovakva osoba može osvojiti srca mnogih ljudi i voditi ih na

putu spasenja i ka boljem mjestu na nebu zato što ona posjeduje ljubav i krotkost. Zato ta osoba može posjedovati veliku kuću na nebu. Zbog toga, dole opisana kuća pripada istinski krotkoj osobi.

Kuća kao grad

U centru ove kuće je veliki zamak ukrašen mnogim dragim kamenjem i zlatom. Njen krov je napravljen od sarda okruglog oblika i sija veoma blistavo. Okolo ovog blistavog, sjajnog zamka teče Rijeka vode života koja izvire iz prijestolja Božjeg, i mnoge zgrade čine da ovo izgleda poput metropole. Takođe, ima igrica iz zabavnog parka ukrašenih zlatom i mnogim dragim kamenjem.

Na jednoj strani široke zemlje je šuma, ravnica i veliko jezero, a na drugoj strani su velika brda sa mnogim vrstama cvijeća i vodopadima. Tu je i more po kojem veliki brod za krstarenje kao *Titanik* plovi i jedri unaokolo.

Sada, hajde da obiđemo ovu raskošnu kuću. Dvanaest kapija se nalazi na četiri strane, pa hajde da prođemo kroz glavnu kapiju sa koje možemo da vidimo glavni zamak u centru.

Glavna kapija je ukrašena mnogim dragim kamenjem i čuvaju je dva anđela. Oni su muškarci i izgledaju vrlo snažno. Oni stoje bez da trepću očima, i njihova očigledna uzvišenost čini da izgledaju veoma nepristupačno.

Sa svake strane kapije stoje okrugli i divni, veliki stubovi. Zidovi ukrašeni mnogim dragim kamenjem i cvijećem čine se beskonačni. Prolazeći kroz kapiju koja se automatski otvara, vođeni anđelima, vi možete da vidite u daljini veliki zamak sa crvenim krovom koji ispušta lijepa svjetla na vas.

Takođe, gledajući u mnoge kuće različitih veličina ukrašene mnogim dragim kamenjem, vi ne možete a da ne budete duboko dirnuti ljubavlju Božjom koji vas nagrađuje trideset, šezdeset ili stotinu puta više od onoga što ste učinili i ponudili. Vi ste zahvalni što je On dao Svog jednog i jedinog Sina da vas povede ka putu spasenja i vječnom životu. Povrh svega ovoga, On je takođe pripremio za vas tako lijepe nebeske kuće, i vaše srce će biti preplavljeno radošću i zahvalnošću.

Takođe, zbog blagog, čistog i lijepog zvuka hvalospjeva koji se može čuti svuda oko zamka, neopisivi mir i radost obuzeti vaš duh i vi ćete biti puni emocija:

Daleko u dubini moje duše noćas
Igra melodija slađa od pjesme;
U božanstvu teče kao neprestani vodopad
Kroz moju dušu kao beskonačni mir.
Mir! Mir! Predivan mir
Dolazi dole od Oca koji je gore!
Obuhvati moju dušu zauvjek, ja se molim,
u neizmjernom talasu ljubavi.

Zlatni putevi čisti kao staklo

Sada, hajde da odemo u veliki zamak u centru, hodajući po zlatnom putu. Ulaskom na glavni ulaz, drveće od zlata i dragog kamenja sa ukusnim voćem od dragulja dočekuje posjetioce na obe strane puta. Posjetioci će moći da onda uzmu voće. Voće se topi u ustima i tako je ukusno da cijelo tijelo postaje energičnije i radosnije.

Na svakoj strain zlatnih puteva, cvijeće raznih boja i veličina dočekuje i raduje se posjetiocima svojim mirisom. Iza njih su zlatni travnjak i mnoge vrste drveća koje upotpunjuju divnu baštu. Cvijeće divnih duginih boja izgleda kao da odaje svjetlost, i svaki cvijet odaje svoj poseban miris. Na nekim od ovih cvjetova, insekti kao leptiri duginih boja sjede i razgovaraju jedni sa drugima. Na drveću visi mnogo ukusnog voća među sjajnim granama i lišćem. Mnoge vrste ptica sa perjem zlatne boje sjede na drveću i pevaju da naprave tako mirnu i srećnu scjenu. Tu su i mnoge životinje koje mirno lutaju okolo.

Automobil oblak i zlatni vagon

Sada stojite na drugoj kapiji. Kuća je toliko velika da ima i druga kapija unutar glavne kapije. Ispred vaših očiju je široki prostor koji liči na garažu u kojoj su parkirani mnogi oblak automobili i zlatni vagon, i vi ste preplavljeni ovom nevjerovatnom scjenom.

Zlatni vagon, ukrašen velikim dijamantima i dragim kamenjem, je za vlasnika ove kuće i sa jednim sjedištem je. Kada je vagon u pokretu, on sija kao zvijezda padalica zbog toliko mnogo sjajnih dragulja, a njegova brzina je mnogo veća od oblak automobila.

Oblak automobil je okružen čistim bijelim oblacima i prelijepim svjetlima mnogih boja, i ima četiri točka i krila. Vozilo se kreće na njegovim točkovima na zemlji, a kada leti, točkovi se automatski uvlače a krila se šire napolje tako da može da ide i da leti slobodno.

Koliko velika vlast i čast će to biti da možete putovati do mnogih mjesta na nebu sa Gospodom u oblak automobilima, u pratnji nebeske vojske i anđela? Ako je oblak automobil dat svakoj osobi koja uđe u Novi Jerusalim, možete li da zamislite koliko je vlasnik ove kuće nagrađen pošto ima nebrojane oblak automobile u svojoj garaži?

Veliki zamak u centru

Kada stignete u veliki i prelijepi zamak u oblak automobilu, možete da vidite trospratnu zgradu izgrađenu sa krovom od sarda. Ova zgrada je toliko ogromna da se ne može uporijediti ni sa jednom zgradom na ovoj zemlji. Čini se da se cio zamak polako okreće, odaje blistavu svjetlost, i takva blistava svjetlost čini zamak izgleda kao da je živ. Čisto zlato i jaspis blistavo odaju čistu i providnu zlatnu svjetlost u plavičastoj boji. Ipak, vi ne možete da vidite potpuno, pa to izgleda kao skulptura bez ijednog spoja. Zidovi i cvijeće oko ovih zidova odaju divne mirise da doprinesu radosti i sreći koja ne može biti opisana riječima. Cvijeće različitih veličina čini veliki prizor, a njihovi razni oblici i mirisi čine savršenu kombinaciju.

Šta je, onda, poseban razlog da je Bog obezbjedio tako veliko parče zemlje i ogromnu, divnu kuću? To je zato što Bog nikada ne propušta ili ne zaboravlja ništa na čemu su Njegova djeca radila za Njegovo kraljevstvo i pravednost na ovoj zemlji i obilno ih nagrađuje.

Ja se radujem ponovo i ponovo
u Mojim voljenima.
Ovaj Me je volio toliko mnogo
da je dao sve njegovo.
On je Mene volio više nego

svoje roditelje i braću,
On nije štedio svoju djecu,
i smatrao je svoj život bezvrijednim
i dao ga je za Mene.

Njegove oči su uvijek bile uperene u Mene.
On je u potpunosti slušao Moju Riječ.
On je samo tražio Moju slavu.
On je bio samo zahvalan
čak iako je bio pod nepravednim patnjama.
Čak i usred proganjanja
u ljubavi se molio za
one koji su ga proganjali.
On nikada nije nikoga zaboravio
čak iako su ga izdali.
On je izvršavao svoje dužnosti sa radošću
čak i kad je imao nepodnošljivu tugu.
I on je spasio mnogo duša
i potpuno je ispunio Moju volju,
oslonivši se na Moje srce.

Pošto je on ispunio Moju volju
i volio Me toliko mnogo,
Ja sam spremio za njega
ovu veliku i veličanstvenu kuću
u Novom Jerusalimu.

2. Veličanstven zamak
sa kompletnom privatnošću

Kao što možete da vidite, postoje Božji dodiri, posebno u kućama onih koje On veoma voli. Tako da te kuće imaju različite nivoe ljepote i svjetla slave nego druge kuće čak i u Novom Jerusalimu.

Veliki zamak u centru je mjesto gdje vlasnik može uživati potpunu privatnost. To je nadoknada za njegova djela i molitve u suzama u dostizanju Božjeg kraljevstva i za činjenicu da se on i danju i noću brinuo o dušama bez imalo uživanja u privatnom životu.

Generalna struktura ovog zamka ima glavnu kuću u centru zamka, a zamak ima dva niza zidova. Postoji dodatni zid u srednjem dijelu između glavne kuće u centru i spoljnog zida. Tako je cio zamak podjeljen na unutrašnji i spoljašnji zamak koji su od glavne kuće do centralnog zida i od centralnog zida do spoljnog zida.

Dakle, da bi stigli do glavne kuće ovog zamka, mi moramo da prođemo kroz glavnu kapiju i zatim drugu kapiju još jednom u srednjem zidu. Na spoljnom zidu ima mnogo kapija, a kapija koja je u liniji sa licem glavne kuće je glavna kapija. Glavna kapija je ukrašena različitim dragim kamenjem i dva anđela je čuvaju. Dva anđela imaju muška lica i izgledaju veoma snažno. Oni čak i ne pomjeraju oči dok su na straži, i mi možemo da iz njih osjetimo dostojanstvo.

Sa obe strane glavne kapije su stubovi cilindričnog oblika. Zidovi su ukrašeni dragim kamenjem i cvijećem, i oni su toliko dugački da njihov kraj ne može da se vidi. Vođeni anđelima mi ulazimo kroz glavnu kapiju koja se automatski otvara, bleštave i divne svjetlosti sijaju na nas. A tamo je zlatni put koji je kao kristal koji se proteže direktno do glavne kapije.

Kako hodamo zlatnim putem, mi ćemo stići do druge kapije. Ova kapija je smještena u srednjem zidu koji razdvaja unutrašnji zamak od spoljašnjeg zamka. Pošto prođemo kroz ovu drugu kapiju, tu je mjesto poput mega parking prostora na ovoj zemlji. Ovde su parkirani brojni automobili oblaci. Tu je i zlatna kočija među ovim oblak automobilima.

Glavna kuća ovog zamka je veća od bilo koje zgrade na ovoj zemlji. To je trospratna zgrada. Svaki sprat zgrade je cilindričnog oblika, i prostor svakog sprata postaje manji kako se penjete od sprata do sprata. Krov je kupola u obliku crnog luka.

Zidovi glavne kuće su napravljeni od čistog zlata i jaspisa. Tako da plavičasta svjetlost i čista i providna zlatna svjetlost u harmoniji odaju takve veličanstvene svjetlosti. Svjetlo je tako jako da daje osjećaj da je sama kuća živa i da se pomjera. Cijela zgrada odaje blistavu svjetlost i izgleda kao da se polako okreće.

Sada, hajde da uđemo u ovaj veliki zamak!

Dvanaest kapija da bi ušli u glavnu kuću zamka

Ova glavna kuća ima dvanaest kapija za ulazak. Zato što je glavna kuća tako velika, razdaljina od jedne kapije do druge je prilično velika. Kapije su u obliku luka, i svaka ima ugraviranu sliku ključa. Ispod slike ključa je nebeskom abecedom ispisano ime kapije. Ova slova su ispisana dragim kamenjem, i posebno je svaka kapija ukrašena jednom vrstom dragog kamena.

Ispod njih su objašnjenja zašto je svaka kapija tako nazvana. Bog Otac je sažeo šta je vlasnik ove kuće uradio na zemlji i izrazio je to na tih dvanaest kapija.

Prva kapija je „Kapija spasenja." To ima objašnjenje o tome kako je vlasnik postao pastir mnogim ljudima i vodio bezbrojne duše ka spasenju širom svijeta. Odmah do Kapije spasenja je „Kapija Novog Jerusalima." Ispod imena kapije je objašnjenje da je vlasnik odveo toliko mnogo duša u Novi Jerusalim.

Sljedeće, tu su „Kapije moći." Prvo, postoje četiri kapije za četiri nivoa moći, i onda, tu su Kapija moći stvaranja i Kapija najveće moći stvaranja. Na ovim kapijama su objašnjenja o tome kako je svaka vrsta moći izliječila toliko mnogo ljudi i slavila Boga.

Deveta je „Kapija otkrivenja," a ova kapija ima objašnjenje da je vlasnik dobio toliko mnogo otkrivenja i objašnjavao je veoma jasno Bibliju. Deseta je „Kapija dostignuća." To je za uspomenu na dostignuća kao što je izgradnja Velikog Hrama.

Jedanaesta je „Kapija molitve." Ova kapija nam govori o tome kako se ovaj vlasnik molio svim svojim životom da ispuni volju Božju svojom ljubavlju za Boga, i kako je jecao i molio se za duše.

Zadnja i dvanaesta je kapija sa značenjem „Pobeđivati protiv neprijatelja đavola, Satane." Ona ima objašnjenje da je vlasnik prevazišao sve sa vjerom i ljubavlju kada je neprijatelj đavo, Satana, pokušao da mu naudi i da ga dovede do očaja.

Posebni zapisi i crteži na zidovima

Zidovi, napravljeni od čistog zlata i jaspisa, su puni crteža zapisa i crteža koji nešto odražavaju. Svaki detalj o proganjanju i podsmijevanju sa kojim se suočio za kraljevstvo Božje, i sva djela kojima je on slavio Gospoda su zabilježeni. Ono što je još divnije je da je Bog Lično ugravirao zapise u pjesmi i slova odaju divna u blistava svjetla.

Ako uđete u zamak nakon što ste prošli jednu od ovih kapija, vi vidite predmete koji su još ljepši od onih koje ste vidjeli napolju. Svjetlost iz dragog kamenja preklapa se dva do tri puta što je čini da izgleda velelepno.

Zapisi o vlasnikovim suzama, nastojanjima i naporima na ovoj zemlji su urezani i na unutrašnjim zidovima i oni daju tako blistavu svjetlost. Vremena njegovih iskrenih cijelonoćnih molitvi za kraljevstvo Božje i čist miris prinošenja sebe kao poklon pića za duše su zapisani kao pjesma i odaju prelijepu svjetlost.

Ipak, Bog Otac je sakrio većinu detalja zapisa tako da ih Bog Lično može pokazati vlasniku kada dođe na ovo mjesto. Ovo je da bi Bog primio njegovo srce koje slavi Oca sa dubokim emocijama i suzama kada mu pokaže ove zapise, govoreći mu: „Ovo sam Ja pripremio za tebe."

Čak i na ovom svijetu, kada volimo nekoga, neki ljudi nekoliko puta pišu ime te osobe. Oni pišu ime na bilježnici ili u dnevnicima, na plaži, ili čak ga urezuju na drvetu ili klešu u kamenu. Oni ne znaju kako da izraze svoju ljubav tako da samo stalno pišu ime osobe koju vole.

Na sličan način, ima jedna četvrtasta zlatna ploča sa samo

tri reči. Te tri reči su: „Oče," „Gospode," i „Ja." Vlasnik kuće nije mogao da riječima jednostavno izrazi svoju ljubav za Oca i za Gospoda. On na ovaj način pokazuje svoje srce.

Sastanci i banketi na prvom spratu

Zamak uglavnom nije otvoren za druge, ali je otvoren prilikom održavanja banketa ili balova. Tu se nalazi veoma velika sala u kojoj bezbroj ljudi može da se okupi na banketima. Ona se koristi i kao mjesto sastanaka gdje vlasnik deli svoju ljubav i radost razgovarajući sa gostima.

Sala je okrugla i tako velika da ne možete da vidite sa jednog do drugog kraja. Pod je neke beličaste boje i veoma je gladak. On ima mnogo dragog kamenja i blistavo sija. U sredini sale je luster sa tri nivoa da doprinese dostojanstvenosti sobe, i ima mnogo zlatnih lustera različitih veličina na zidovima da dopune ljepotu sale. Takođe, u centru sale je okrugla pozornica, i mnogo stolova je poređano u mnogim nivoima okolo pozornice. Oni koji su pozvani zauzimaju svoja mjesta po redu i drugarski razgovaraju.

Sve dekoracije unutar zgrade su napravljene u skladu sa ukusom vlasnika, i njihove svjetlosti i oblici su tako divni i prefinjeni. Svaki dragi kamen u njemu ima Božji dodir, i takva je čast biti pozvan na ovaj banket koji priređuje vlasnik kuće.

Tajne sobe i sobe za prijem na drugom spratu

Na drugom spratu ovog velikog zamka, ima mnogo soba i svaka soba ima tajnu sobu, potpuno otkrivenu samo na nebu, koju Bog nagrađuje u skladu sa vlasnikovim djelima. U određenoj sobi su bezbrojne krune različitih vrsta, poput neke vrste muzeja. Mnoge krune uključujući i zlatnu krunu, zlatno dekorisanu krunu, kristalnu krunu, bisernu krunu, cvjetnu krunu, i mnoge druge krune ukrašene mnogim vrstama dragog kamenja su uredno smještene. Ove krune su nagrada za svaki put kada je vlasnik ispunio Božje kraljevstvo i dao Mu slavu na ovoj zemlji, a njihova veličina i oblik, i materijal i dekoracija su sve različite da bi pokazale razliku u časti. Takođe, ima velikih soba koje služe kao ormani za odjeću i za čuvanje dragocijenih ukrasa, i njih održavaju anđeli sa posebnom brigom.

Tu je i uredna kvadratna soba bez mnogo dekoracija koja je nazvana „Soba molitve.“ Ona je data zato što je vlasnik mnogo nudio u molitvama na ovoj zemlji. Dalje, ima jedna soba sa više televizijskih aparata. Ova soba je nazvana „Soba agonije i tuge“ i ovde vlasnik može da gleda sve stvari njegovog zemaljskog života kad god želi. Bog je sačuvao baš svaki momenat i događaj iz vlasnikovog života zato što je izuzetno patio dok je sprovodio Božja djela i službu i prolio mnogo suza za duše.

Postoji takođe lijepo dekorisano mjesto za prijem proroka na drugom spratu, u kome vlasnik može da deli svoju ljubav i ima prijatne razgovore sa njima. On može da sretne proroke kao što su Ilija koji je otišao na nebo u vatrenim kočijama i konjima, Enoha koji je hodao sa Bogom 300 godina, Avrama koji je vjerom ugodio Bogu, Mojsija koji je bio pokorniji od bilo koga na licu zemaljskom, uvijek tako strastvenog apostola Pavla, i ostale, i može da uživa u razgovorima sa njima o njihovim životima i okolnostima na zemlji.

Treći sprat rezervisan da se dijeli ljubav sa Gospodom

Treći sprat velikog zamka je tako čudesno dekorisan da primi Gospoda i ima prijatne razgovore koliko god je moguće. Ovo je dato zato što je vlasnik volio Gospoda više nego bilo koga, i pokušao je da liči Njegovim djelima čitajući četiri Jevanđelja, i služio je i volio je svakoga na način na koji je Gospod služio Njegovim učenicima. Štaviše, on se molio sa toliko suza da povede bezbroj duša ka putu spasenja primanjem moći Božje kao što je Gospod učinio i zapravo prikazao brojne dokaze živog Boga. Suze su lile kad god bi se sjetio Gospoda, i mnogo noći nije mogao da spava zato što mu je Gospod iskreno nedostajao. Takođe, kao što se Gospod molio cijelu noć, vlasnik se mnogo puta molio cijelu noć i davao sve od sebe da potpuno ispuni Božje kraljevstvo.

Koliko radostan i srećan će biti kada može da sretne Gospoda licem u lice i podjeli svoju ljubav sa Njim u Novom Jerusalimu!

Ja mogu da vidim mog Gospoda!
Ja mogu da smjestim svjetlost Njegovih očiju
u mojim sopstvenim,
ja mogu da stavim Njegov blag osmijeh u moje srce,
i sve ovo je tako velika radost za mene.

Moj Gospode,
koliko Te mnogo volim!
Ti si video sve
i Ti znaš sve.
Sada sam ispunjen velikom radošću

što mogu da priznam moju ljubav.

Ja te volim, Gospode.

Nedostajao Si mi veoma mnogo.

Razgovori sa Gospodom nikada neće postati dosadni ili zamorni.

Bog Otac, koji je primio ovu ljubav, tako prelijepo je dekorisao unutrašnjost ornamentima i dragim kamenjem na trećem spratu ove veličanstvene kuće. Ova savršenost i raskoš ne mogu biti opisani, a nivo svjetlosti je specijalan. Međutim, možete da osjetite pravdu i prefinjenu ljubav Božju, koji vas samim razgledanjem kuća na nebu nagrađuje u skladu sa vašim djelima.

3. Znamenita mjesta na nebu

Šta se još nalazi u okolini velikog zamka? Ako pokušam da opišem ovu kuću nalik gradu do najsitnijeg detalja, to bi bilo više nego dovoljno da se napiše knjiga. Okolo zamka je velika bašta i mnogo zgrada koje lijepo ukrašene skladno stoje. Takvi objekti kao što je bazen za plivanje, zabavni park, kolibe, i operska kuća čine ovu kuću da izgleda kao glavna turistička atrakcija.

Bog kao nagradu daje sve u skladu sa nečijim djelima

Razlog iz koga vlasnik može da ima ovakvu kuću sa toliko mnogo objekata je zato što je na ovoj zemlji bio predan Bogu svim svojim tijelom, mislima, vremenom i novcem. Bog nagrađuje sve što je on učinio za kraljevstvo Božje uključujući i to što je vodio bezbroj duša ka putu spasenja i izgradio Božju crkvu. Bog je više nego u mogućnosti da nam da ne samo ono što tražimo već ono što želimo u našim srcima. Vidimo da Bog može da dizajnira savršenije i ljepše nego neki odlični arhitekta ili gradski planer na zemlji, i da pokaže jedinstvo i raznolikost u isto vrijeme.

Na ovoj zemlji, mi možemo da posjedujemo sve što poželimo, u većini slučajeva, ako imamo dovoljno novca. Na nebu, međutim, to nije slučaj. U kući u kojoj treba da živimo, odjeća, drago kamenje, krune, ili čak anđeli koji služe, ne mogu da se kupe ili unajme, već su dati samo u skladu sa mjerom vjere pojedinaca i njegovom odanošću Božjem kraljevstvu.

Kao što nalazimo u Poslanici Jevrejima 8:5: *„[Oni] koji služe obličju i sjeni nebeskih stvari, kao što bi rečeno Mojsiju kad htjede skiniju da načini, "* ovaj svijet je sjenka neba i većina životinja, biljaka i ostale prirode se mogu naći i na nebu. One su mnogo ljepše nego ove na zemlji.

Dozvolite nam sada da istražimo bašte ispunjene sa tako mnogo cvijeća i životinja.

Mjesta za bogosluženje i Veliki Hram

Niže od zamka u centru, nalazi se veoma veliko unutrašnje dvorište gdje mnogo cvijeća i drveća čine veoma lijep prizor. Sa obe strane zamka su velika mjesta za bogosluženje u kojima ljudi s vremena na vrijeme mogu da slave Boga uz hvalu. Ova nebeska kuća, koja je nezamislivo ogromna, je kao poznata turistička atrakcija opremljena sa mnogo objekata, i pošto je potrebno mnogo vremena da bi ljudi razgledali kuću, postoje mjesta za bogosluženje u kojima oni mogu da se odmore.

Bogosluženje na nebu je totalno drugačije od onoga na koje smo navikli na ovoj zemlji. Mi nismo vezani za formalnosti, već možemo dati slavu Bogu novim pjesmama. Ako pjevamo o slavi Oca i o ljubavi Gospodnjoj, mi ćemo biti osvježeni kako dobijemo ispunjenje Svetim Duhom. Onda ćemo imati dublje emocije u našem srcu i mi ćemo biti ispunjeni zahvalnošću i radošću.

Uz ova svetilišta, ovaj zamak ima zgradu koja ima potpuno isti oblik kao određeno svetilište koje je postojalo na zemlji. Dok je bio na zemlji, vlasnik ovog zamka je primio zadatak od Boga Oca da izgradi ogromno i veliko svetilište, a isto takvo svetilište je izgrađeno i u Novom Jerusalimu.

Slično kao David u Starom Zavjetu, vlasnik ovog zamka je takođe žudio za Božjom Crkvom. Ima mnogo zgrada na ovom svijetu, ali u stvari nema zgrada koja pokazuje dostojanstvo i slavu Boga. On je uvijek žalio zbog ove činjenice.

On je bio tako mnogo revnostan da izgradi crkvu koja je samo za Boga Stvoritelja. Bog Otac je prihvatio ovo žudno srce i objasnio mu do najmanjeg detalja oblik, veličinu, ukrase, i čak i unutrašnje strukture hrama. To je bilo jednostavno nemoguće ljudskim razmišljanjem, ali on je činio sa nadom, vjerom, i ljubavlju; i konačno, Veliki Hram je izgrađen.

Ovaj Veliki Hram nije samo zgrada koja je velika i veličanstvena. Ona je kristaloid suza snage onih vjernika koji iskreno vole Boga. Kako bi se ovaj hram izgradio, blago ovoga svijeta moralo je da se iskoristi. Srce kraljeva nacija su morala da budu dirnuta. I da bi uradili ovo, ono što je bilo najpotrebnije bila su moćna Božja djela koja su van ljudske mašte.

Vlasnik ovog zamka je sam prevazišao takve teške duhovne borbe da bi dobio ovu vrstu moći. On je vjerovao u Boga koji nemoguće stvari čini mogućim samo dobrotom, ljubavlju i povinovanjem. On se neprestano molio, i kao ishod, izgradio je Veliki Hram koji je Bog radosno prihvatio.

Bog Otac, znajući sve ove činjenice, takođe je izgradio kopiju ovog Velikog Hrama u zamku ove osobe. Naravno, Veliki Hram na nebu je izgrađen od zlata i dragog kamenja koje je mnogo ljepše od materijala na zemlji u van poređenja, mada je oblik isti.

Dvorana za predstave poput Sidnejske opere

U ovom zamku se nalazi dvorana za predstave koja izgleda slično Sidnejskoj operi u Australiji. Postoji razlog Boga Oca da napravi takvu dvoranu za predstave u ovom zamku. Kada je vlasnik ovog zamka bio na zemlji, on je organizovao mnoge ekipe za predstave razumijevši srce Boga koji uživa u hvali. I on je mnogo slavio Boga Oca kroz lijepe i dražesne hrišćanske izvođačke tačke.

To nisu bili samo spoljašnji izgledi, vještine i tehnike. On je vodio izvođače na duhovni način kako bi oni mogli da slave Boga sa iskrenom ljubavlju iz dubine njihovih srca. On je odgajio mnogo izvođača koji su mogli da prinesu Bogu takve hvale koje je Bog mogao zaista da prihvati. Zbog ovoga je Bog Otac izgradio lijepu dvoranu za umjetničke predstave kako bi ovi izvođači mogli da slobodno pokažu njihove vještine željom njihovog srca u ovom zamku.

Veliko jezero pruža se ispred ove zgrade, i čini se da zgrada pluta po vodi. Kada fontana izbaci uvis vodu iz jezera, vodene kapljice će padati i odajući svjetlost poput dragog kamenja. Dvorana za predstave ima prekrasnu pozornicu ukrašenu mnogim dragim kamenjem i mnogo sjedišta koja čekaju publiku.

Ovdje će anđeli glumiti u prelijepim kostimima.

Ovi anđeli izvođači će igrati u odeći koja isijava svjetlosti sjajne prozirnosti dragog kamenja poput krila vilinih konjica. Svaki od njihovih pokreta savršeno je lijep i bez grešaka. Ima takođe anđela koji pjevaju i sviraju muzičke instrumente. Oni sviraju tako lijepe i slatke melodije sa sofisticiranim vještinama i tehnikom.

Ali čak iako su ove vještine anđela toliko dobre, miris njihove hvale i plesa se mnogo razlikuje od onih u Božje djece. Božja djeca imaju duboku ljubav i zahvalnost za Boga u njihovim srcima. Iz srca koje je kroz ljudsku kultivaciju napravljeno prelijepo, dolazi miris koji može da dotakne Boga Oca.

Ona Božja djeca koja imaju dužnost da hvale Boga na zemlji, imaće mnogo prilika da slave Boga svojim hvalama i na nebu. Ako vođa hvale ide u Novi Jerusalim, on/ona može da nastupi u ovoj izvođačkoj dvorani koja izgleda kao Sidnejska opera. A predstave koje se izvode na ovom mjestu se ponekad uživo prenose do svih mjesta boravka u nebeskom kraljevstvu. Zato će biti velika čast stajati na pozornici ove dvorane samo jednom.

Oblak most duginih boja

Rijeka vode života sijajući srebrnim svjetlima protiče svuda kroz zamak kao i okolo zamka. Ona izvire iz Božjeg prijestolja i teče oko zamkova Gospoda i Svetog Duha, Novog Jerusalima, Trećeg, Drugog i Prvog nebeskog kraljevstva, Raja, i vraća se do prijestolja Božjeg.

Ljudi razgovaraju sa ribama, koje su tako lijepo raznobojne, dok sjede na zlatnom i srebrnom pijesku sa obe strane Rijeke vode života. Tu su zlatne klupe sa svake strane Rijeke a okolo njih je drveće života. Sjedeći na zlatnim klupama i gledajući u ukusno voće, ako samo pomislite: „Oh, ovo voće izgleda tako ukusno," anđeli poslužitelji će vam donijeti voće u cvijetnoj korpi i učtivo će vam ga predati.

Takođe ima prelijepih, u obliku svodova, oblak mostova okolo Rijeke vode života. Šetajući na oblak mostu duginih boja i gledajući na Rijeku koja polako teče ispod vas, vi se osjećate tako prelijepo kao da letite po nebu ili hodate po vodi.

Kada pređete Rijeku vode života, tamo je spoljašnje dvorište sa mnogim vrstama cvijeća i zlatna livada, i ovdje se osjećate nešto drukčije nego što ste se osjećali u unutrašnjem dvorištu.

Zabavni park i cvjetni put

Kad se pređe preko oblak mosta, naiđe se na zabavni park u kome je mnogo vrsta vožnji koje nikada niste vidjeli, čuli ili zamišljali; čak i najbolji zabavni parkovi ovog svijeta kao što je Diznilend, ne mogu se uporediti sa ovim zabavnim parkom. Vozovi napravljeni od kristala idu po parku, vožnja sa temom piratskog broda napravljenog od zlata i mnogo dragog kamenja pomjera se napred i nazad, ringišpil se pokreće u veselom ritmu, a veliki tobogan se kreće očaravajući putnike. Kada god se ovi vozići koji su ukrašeni mnogim dragim kamenjem pomjere, odaju mnogoslojne svjetlosti, pa i sam boravak tamo čini da ste preplavljeni festivalskim raspoloženjem.

Sa jedne strane spoljnjeg dvorišta, nalazi se beskonačan cvjetni put. Cio put je prekriven cvijećem tako da možete da hodate po samom cvijeću. Nebesko tijelo je tako lako da ne možete da osjetite težinu, a cvijeće nije zgnječeno čak i kada hodate po njemu. Kada hodate po širokom cvjetnom putu mirišući tako nježne mirise cvijeća, cvijeće zatvara svoje latice kao da je stidljivo i pravi talas širom otvarajući latice. Ovo je posebna dobrodošlica i pozdrav. U bajkama, cvijeće ima svoje sopstveno lice i može da razgovara, a isto je i na nebu.

Vi ćete biti potpuno oduševljeni da hodate po cvijeću i da uživate u njegovim mirisima, a cvijeće će se osjećati srećno i zahvaljivaće vam se što hodate po njemu. Kada stanete na njega nježno, ono odaje čak i jači miris. Svaki cvijet ima drugačiji miris i mirisi su svaki put pomiješani različito tako da možete da imate drugi osjećaj svaki put kad šetate. Cvjetni putevi se pružaju ovde onde i oni su kao prelijepa slika što upotpunjuje ljepotu ove nebeske kuće. Slično, kuća nekog pojedinca je ogromna i naizgled bezgranična, i sadrži sve vrste objekata.

Velika livada na kojoj se životinje mirno igraju

Iznad cvjetnog puta je velika, široka ravnica i mnogo vrsta životinja koje vi možete da vidite na ovoj zemlji se takođe tamo nalaze. Naravno, vi možete da vidite mnogo drugih životinja na drugim mjestima ali ovde su skoro sve vrste životinja, osim onih koje su protiv Boga, kao što su zmajevi. Prizor pred vašim očima podsjeća vas na prostranu savanu u Africi, i ove životinje ne napuštaju svoja područja čak iako nema ograde i slobodno se igraju. One su veće od životinja na ovoj zemlji i imaju jasnije boje koje sijaju sjajnije. Zakon džungle ovde ne važi za njih.

Sve životinje su umiljate; čak i lavovi koje zovu kraljevima zvijeri ni mali nisu agresivni već su umiljati i njihovo zlatno krzno je tako zanosno. Takođe, na nebu, vi možete slobodno da razgovarate sa životinjama. Samo zamislite uživanje u ljepoti velike prirode koja buja na širokoj ravnici jašući lavove ili slonove. Ovo nije nešto što se nalazi samo u bajkama već je privilegija data onima koji su spašeni i posjeduju nebo.

Privatna koliba i zlatna stolica za odmor

Pošto je kuća ove osobe kao glavna turistička atrakcija na nebu za uživanje mnogih, Bog je dao vlasniku privatnu kolibu specijalno za njegove lične potrebe. Ova koliba je smještena na malom brdu sa lijepim pogledom i ima divne ukrase. Niko ne može da uđe u ovu kolibu zato što je ona za lične potrebe. Vlasnik se sam ovde odmara ili je koristi da primi proroke kao što su Ilija, Enoh, Avram i Mojsije.

Tu je i druga koliba napravljena od kristala i, za razliku od drugih zgrada, ona je tako čista i providna. Ipak, ne možete da vidite unutrašnjost od spolja, a ulaz je van granica. Na vrhu krova ove kristalne kolibe je rotirajuća zlatna stolica. Kada vlasnik sjedne ovde, on može da vidi cijelu kuću jednim pogledom van vremena i prostora. Bog ju je napravio naročito za vlasnika kako bi on mogao da osjeti radost gledajući kako toliko mnogo ljudi posjećuju njegovu kuću, ili da se jednostavno odmori.

Planina uspomena i put maštanja

Put mašte, gdje drveće života stoji na svakoj strani, je tako tih kao da je vrijeme stalo. Kada vlasnik napravi svaki korak, mir izlazi iz dubine njegovog srca i on se podsjeća na stvari sa ove zemlje. Ako pomisli na sunce, mjesec i na zvijezde, okrugli sloj poput ekrana se postavlja iznad njegove glave, i sunce, mjesec i zvijezde se pojavljuju. Na nebu svjetlost sunca, mjeseca i zvijezda nije potrebna zato što je cijelo mjesto okruženo Božjom svjetlošću slave, ali taj okrugli sloj je posebno napravljen za njega da bi mislio o stvarima na ovoj zemlji.

Takođe, ima mjesto koje je nazvano planina uspomena, i oblika je velikog sela. Ovde vlasnik može da se sjeti svog života na ovoj zemlji, i tu su njegove uspomene sakupljene. Kuća u kojoj je rođen, škole u koje je išao, naselja i gradovi u kojima je živio, mjesta na kojima se suočavao sa iskušenjima, mjesto gdje je sreo Boga prvi put, i crkve koje je izgradio nakon što je postao svještenik su sve napravljene ovde po hronološkom redu.

Iako su materijali svakako različiti od onih na ovoj zemlji, stvari iz njegovog zemaljskog života su precizno kopirane kako bi ljudi mogli da jasno osjete tragove njegovog zemaljskog života. Koliko čudesna je Božja plemenita i prefinjena ljubav!

Vodopadi i more sa ostrvima

Pošto nastavite da hodate po putu mašte, vi možete da čujete glasan i jasan zvuk izdaleka. To je zvuk koji dolazi sa vodopada mnogih boja. Kada vodopad širi kapljice, prelijepo drago kamenje na dnu vodopada sija tako blistavom svjetlošću. To je tako veličanstveni prizor da vidite da veliki vodotok pada u tri nivoa dole od samog vrha i uliva se u Rijeku vode života. Ima dragog kamenja koje sija dva ili tri puta svjetlije na obe strane vodopada, i ono odaje tako zanosnu svjetlost zajedno sa kapljicama vode. Vi možete da se osjećate osvježeno i energično samo dok je gledate.

Tu je takođe veliki paviljon na vrhu vodopada u kome ljudi

mogu da posmatraju prelijepi prizor ili mogu da se odmore. Vi možete da vidite nebesku kuću u njenoj cijelosti, a pogled je tako veličanstven i divan da ne može biti adekvatno opisan ovozemaljskim riječima.

Iza zamka je veliko more, a u njemu su ostrva različitih veličina. Čista i jasna morska voda sija kao da je drago kamenje poprskano po njoj. Takođe je veoma lijepo vidjeti ribe koje plivaju u čistom moru, i što je iznenađujuće, prelijepe kuće zelene boje žada su izgrađene ispod mora. Na ovoj zemlji, čak i najbogatiji čovjek ne može da ima kuću ispod mora.

Međutim, pošto je nebo u četvorodimenzionalnom svijetu u kome je sve moguće, tamo ima bezbrojnih stvari koje ne možemo da razumijemo ili da zamislimo da postoje.

Ogromna brod za krstarenje poput *Titanika* i kristalni čamac

Ostrva na moru imaju mnogo vrsta divljeg cvijeća, ptica koje pjevaju, i dragocijenog kamenja da se upotpuni lijepi prizor. Ovde se održavaju takmičenja kanua ili u surfovanju da se privuku brojni nebeski stanovnici. Tu je brod poput Titanika na blago zatalasanom moru, a plovilo na sebi ima mnogo vrsta opreme kao što su bazeni za kupanje, pozorišta i banket sale. Ako ste na providnom brodu koji je sav napravljen od kristala, vi se osjećate kao da hodate po moru, a možete i da osjetite ljepotu unutrašnjosti mora u podmornici oblika ragbi lopte.

Kolika će to sreća biti da ste u mogućnosti da budete na brodu poput *Titanika,* kristalnom čamcu ili u podmornici oblika ragbi lopte na ovom predivnom mjestu i tu provedete makar jedan dan! Ipak, pošto je nebo vječno mjesto, vi možete da uživate u ovim stvarima zauvijek samo ako imate kvalifikacije da uđete u Novi Jerusalim.

Mnogo atletskih, rekreacionih objekata

Postoji i mnogo atletskih i rekreacionih objekata kao golf tereni, kuglane, bazeni, teniski tereni, odbojkaški tereni, košarkaški tereni, i tako dalje. Ovo je sve dato kao nagrada zato što je vlasnik mogao da uživa u ovim sportovima na zemlji ali nije zbog kraljevstva Božjeg i provodio je sve svoje vrijeme samo za Njega.

U kuglani, koja je napravljena od zlata i dragog kamenja u obliku kegle za kuglanje, lopta i kegle su sve napravljene od zlata i dragog kamenja. Ljudi igraju u grupama od tri do pet, i lijepo se zajedno zabavljaju bodreći jedni druge. Lopta ne daje neki osjećaj težine, za razliku od onih na zemlji, tako da će se jako kotrljati po pisti čak iako je nježno gurnete. Kada pogodi kegle, divna svjetlost zajedno sa čistim i lijepim zvukom izlazi.

Na terenu za golf izgrađenom na zlatnom travnjaku, trava automatski poleže kako bi se loptica kotrljala tokom igre. Kada trava polegne poput domina, to izgleda kao zlatan talas. U Novom Jerusalimu, čak se i trava povinuje srcu vlasnika. Štaviše, nakon udarca, parče oblaka dolazi do stopala i pomera svog vlasnika do sledeće staze. Koliko je ovo divno i čudesno!

Ljudi se puno zabavljaju i u bazenu. Pošto niko na nebu ne može da se udavi, čak i oni koji nisu znali da plivaju na ovoj zemlji mogu prirodno dobro da plivaju. Štaviše, voda ne kvasi odjeću već se skotrlja kao rosa na lišću. Ljudi mogu da uživaju u plivanju u svako vrijeme zato što mogu da plivaju sa odjećom na sebi.

Jezera mnogih veličina i fontane u baštama

Postoji mnogo jezera različitih veličina u velikoj, širokoj nebeskoj kući. Kada ribe mnogih boja u ovim jezerima mašu svojim perajima kao da igraju da bi udovoljile Božjoj djeci, to izgleda kao da glasno priznaju svoju ljubav. Vi takođe možete da vidite kako ribe mijenjaju svoju boju. Riba koja maše svojim srebrnim perajima može odjednom da promjeni svoju boju u bisernu.

Postoje mnogobrojne bašte i svaka bašta ima različito ime u skladu sa jedinstvenom ljepotom i karakteristikama. Ljepota ne može biti djelotvorno preneta zato što je Božji dodir čak i na listu.

Fontane su takođe različite u skladu sa karakteristikama svake bašte. Uopšteno, fontane izbacuju vodu, ali ima fontana koje odaju prelijepe mirise ili boje. Ima novih i dragocijenih mirisa koje niste mogli da iskusite na ovoj zemlji, poput mirisa izdržljivosti koji možete da osjetite iz bisera, mirisa izdržljivosti i strasti sarda, mirisa samopožrtvovanja ili odanosti, i mnogih drugih. U centru fontane koja izbacuje vodu uvis, ima zapisa i crteža koji objašnjavaju značenja svake fontane i zašto je ona napravljena.

Štaviše, ima mnogo drugih zgrada i posebnih mjesta u toj kući što je poput zamka, ali velika je šteta što svi ti objekti ne mogu biti opisani do detalja. Ono šta je važno je da ništa nije dato bez razloga, već je nagrada samo u skladu sa onim koliko je neko radio za kraljevstvo i pravednost Božju na ovoj zemlji.

Velika je vaša nagrada na nebu

Do sada ste morali da shvatite da je ova nebeska kuća toliko ogromna i velika da bi se i zamislila. Veliki dvorac sa kompletnom privatnošću je izgrađen u centru, a ima i mnogo drugih zgrada i objekata zajedno sa velikim baštama koje ga okružuju; ova kuća je kao nebesko turističko mjesto. Vi vjerovatno ne možete a da ne budete veoma začuđeni pošto je ovu kuću nevjerovatne veličine Bog pripremio za jednu osobu kultivisanu na ovoj zemlji.

Šta je onda, razlog da je Bog pripremio nebesku kuću koja je velika kao veliki grad? Hajde da pogledamo u Jevanđelju po Mateju 5:11-12:

Blago vama ako vas uzasramote i usprogone i kažu na vas svakojake rđave riječi lažući, Mene radi. Radujte se i veselite se, jer je velika plata vaša na nebesima, jer su tako progonili proroke prije vas.

Koliko mnogo je apostol Pavle patio u ispunjavanju Božjeg kraljevstva? On je propatio neopisive teškoće i proganjanja da bi propovijedao Isusa Spasitelja neznabošcima. Mi možemo da vidimo da je on radio veoma naporno za kraljevstvo Božje iz 2. Poslanice Korinćanima 11:23, pa nadalje. Dok je propovjedao jevanđelje Pavle je mnogo puta bio zatvaran, tučen ili u smrtnoj opasnosti.

Ipak, Pavle se nikada nije žalio ili gunđao već se radovao i bilo mu je drago pošto mu je Riječ Božja zapovijedala. Nakon svega, kroz Pavla su otvorena vrata svjetske misije za neznabošce. Dakle, on je prirodno ušao u Novi Jerusalim i došao u posjed časti koja sija kao sunce u Novom Jerusalimu.

Bog veoma mnogo voli one koji rade revnosno i odani su čak i da žrtvuju svoje živote, i blagoslovi i nagrađuje ih mnogim stvarima na nebu.

Grad Novi Jerusalim nije rezervisan ni za jednu određenu osobu, već svako ko posveti svoje srce da liči Božjem srcu i ispunjava svoje zadatke strastveno, može tamo da uđe i živi.

Ja se molim u ime Gospoda Isusa Hrista da vi možete da ispunite Božje srce kroz revnosne molitve i Božju Riječ, i ispunite vaše dužnosti potpuno tako da možete da uđete u Novi Jerusalim i priznate Njemu sa suzama: „Ja sam mnogo zahvalan na velikoj ljubavi Oca."

Poglavlje 9

Prvi banket u Novom Jerusalimu

Sveti grad Novi Jerusalim udomljuje Božji prijesto i, među nebrojeno mnogo ljudi koji su kultivisani na ovoj zemlji, oni koji imaju srca čista i divna kao kristal žive tamo zauvijek. Život u Novom Jerusalimu sa Bogom Trojednakim je pun nezamislive ljubavi, emocije, sreće i veselja. Ljudi uživaju u neprekidnoj sreći tako što prisustvuju bogosluženjima i banketima, i imaju međusobne srdačne razgovore.

Ako prisustvujete banketu u Novom Jerusalimu koji priređuje Lično Bog Otac, vi možete da gledate predstave i delite ljubav sa nebrojano mnogo ljudi iz različitih nebeskih mjesta boravka.

Bog Trojednaki, koji je dugo i mukotrpno završio ljudsku kultivaciju, raduje se i srećan je gledajući Svoju voljenu djecu.

Bog ljubavi mi je do detalja otkrio život u Novom Jerusalimu koji je neshvatljivo pun emocija. Razlog zbog koga sam ja mogao da nadvladam zlo dobrim i da volim svoje neprijatelje čak i kad sam bez ikakvog razloga patio je zato što je moje srce ispunjeno nadom za Novi Jerusalim.

Hajde da sada, scenom sa prvog banketa koji će biti održan u Novom Jerusalimu kao primjerom, razmotrimo koliko je blagosloveno da se „postigne Božje srce" koje je čisto i lijepo kao kristal.

1. Prvi banket u Novom Jerusalimu

Kao na zemlji, ima banketa i na nebu, i kroz njih možemo

veoma dobro da razumijemo radost nebeskog života. Ovo je zato što na tim uvaženim mjestima mi samo letimičnim pogledom možemo da vidimo bogatstvo i ljepotu neba i uživamo u njima. Baš kao što ljudi na ovoj zemlji kite sebe najljepšim stvarima, i jedu, piju i uživaju u najboljim obrocima na banketu koji priređuje predsjednik države, tako i kada se banket održava na nebu, on je ispunjen lijepim igranjem, pjevanjem i srećom.

Divni zvuk pohvale iz dvorane

Banket sala u Novom Jerusalimu je ogromna i veličanstvena. Ako prođete ulaz i uđete u prostoriju sa čijeg jednog kraja ne možete da vidite drugi, divni zvuk nebeske muzike povećava snažne emocije koje ste već osjetili.

Čudesno je svjetlo
koje je prije nego što je počelo vrijeme.
On obasjava sve
tim iskonskim svjetlom.
On je izrodio Svoje Sinove
i napravio anđele.

Njegova slava je visoko
iznad neba i zemlje
i veličanstvena je.
Divna je njegova milost
koju On samu raširi.
On raširi svoje srce
i stvori svijet.

Malim usnama hvalite Njegovu veliku ljubav.
Hvalite Gospoda
koji prima pohvale i raduje se.
Uzdignite Njegovo sveto ime
i hvalite ga zauvijek.
Njegovo svjetlo je čudesno
i vrijedi ga hvaliti.

Čist i elegantni zvuk muzike utapa se u raspoloženje i pridodaje uzbuđenje i takav mir kakav beba osjeća na grudima svoje majke.

Velika vrata banket sale sa bojom bijelog dragog kamena su ukrašena nebeskim cvijećem raznih oblika i boja i imaju ugravirane divnu šaru. Na svakom ćošku grada Novog Jerusalima možete da vidite da je Bog Otac do sitnih detalja pripremio čak i malu stvar u Svojoj prefinjenoj ljubavi za Svoju djecu.

Proći vrata obojena bojom bijelog dragog kamena

Bezbroj ljudi u redu uđe kroz divna, velika vrata banket sale, a oni koji žive u Novom Jerusalimu ulaze prvi. Oni nose zlatne krune koje su višlje nego krune iz drugih mjesta i odaju lijepe i blage svjetlosti. Ljudi nose bijele jednodelne haljine koje sijaju sjajnim i blistavim svetlima. Njihov tekstil je lagan i mek kao svila i njiše se naprijed i nazad.

Haljina koja je dekorisana zlatom i raznim vrstama dragulja, sjajno je izvežena draguljima na vratu i rukavima, i u skladu sa nečijim nagradama vrste dragulja i mustra veza se razlikuju. Ljepota i počast stanovnika Novog Jerusalim potpuno se razlikuju od onih koje imaju stanovnici drugih mjesta na nebu.

Ne kao ljudi koji žive u Novom Jerusalimu, oni iz drugih mjesta na nebu moraju da prođu kroz jedan proces kako bi prisustvovali banketu u Novom Jerusalimu. Ljudi iz Trećeg, Drugog, Prvog kraljevstva i Raja moraju da promijene svoju odjeću u specijalne haljine za Novi Jerusalim. Pošto se svjetlo nebeskih tijela razlikuje po tome sa kog mjesta su ljudi došli, oni moraju da pozajme odgovarajuću odjeću kako bi posjetili mjesta na nivoima višim od onih na kojima oni žive.

Zbog toga postoji posebno mjesto gdje se presvlači odjeća. Ima mnogo odjela Novog Jerusalima i anđeli pomažu ljudima da promjene svoju odjeću. Ipak, oni iz Raja, mada ih je malo, moraju da promjene svoju odjeću sami bez pomoći anđela. Oni mijenjaju svoju odjeću u odjeću Novog Jerusalima i duboko su dirnuti slavom te odjeće. Oni još žale što nose odjeću koju nisu dostojni da nose.

Ljudi iz Trećeg, Drugog ili Prvog kraljevstva nebeskog i Raja moraju da promjene svoju odjeću i pokažu pozivnice anđelima na ulazu banket sale da bi ušli.

Veličanstvena i blistava banket sala

Kada vas anđeli uvedu u banket salu, vi ne možete a da ne budete preplavljeni blistavim svjetlima, raskoši i veličanstvenošću banket sale. Pod sale sija bojama bijelog dragulja bez ijedne mrlje ili mane, i ima mnogo stubova sa svake strane. Okrugli stubovi su čisti kao staklo, a unutrašnjost je ukrašena mnogim vrstama dragog kamenja kako bi se stvorila ovakva jedinstvena ljepota. Kita cvijeća visi na svakom stubu da pridoda raspoloženju i kvalitetu banketa.

Koliko srećno i neodoljivo će to biti ako ste pozvani u balsku dvoranu koja je napravljena od bijelog mermera i blistavo sjajnog kristala! Koliko će još ljepša i srećnija biti banket sala koja je napravljena od tako mnogo vrsta nebeskih dragulja!

Sa prednje strane banket sale Novog Jerusalima nalaze se dvije pozornice koje daju uzvišen osjećaj kao da ste se ponovo vratili u vrijeme i bili prisutni ceremoniji krunisanja drevnog vladara. U centru glavne pozornice je veliki prijesto boje bijelog dragulja za Boga Oca. Sa desne strane ovog prijestolja je prijesto Gospoda a na lijevoj strani je prijesto počasnog gosta na prvom banketu. Ovi prijestoli su okruženi blistavim svjetlostima i veoma su visoki i veličanstveni. Na nižoj pozornici, sedišta za proroke su postavljena u skladu sa nebeskim rangiranjem da izraze dostojanstvenost Boga Oca.

Ova banket sala je dovoljno velika da smjesti bezbrojne zvanice, nebeske građane. Sa jedne strane banket sale je nebeski orkestar sa arhanđelom kao dirigentom. Ovaj orkestar svira nebesku muziku da doprinese radosti i sreći ne samo tokom banketa, već i prije nego što banket počne.

Anđeli vas vode do mjesta

One koji su ušli u banket salu prate anđeli do njihovih već određenih mjesta, a ljudi iz Novog Jerusalima sjede napred, za njima su oni iz Trećeg, Drugog, i Prvog kraljevstva, i Raja.

Oni koji su iz Trećeg kraljevstva takođe nose krune, koje su potpuno drugačije od kruna Novog Jerusalima, i oni moraju da stave okruglo obilježje na desnoj strani kruna da bi bi se razlikovali od ljudi iz Novog Jerusalima. Oni koji su iz Drugog i Prvog kraljevstva moraju da stave okruglo obilježje na lijevoj strani grudi kako bi se odmah razlikovali od ljudi iz Trećeg kraljevstva ili Novog Jerusalima. Ljudi iz Drugog i Prvog kraljevstva nose krune, ali ljudi iz Raja nemaju nikakvu krunu da nose.

Oni koji su pozvani u Novi Jerusalim na banket zauzimaju mjesta i čekaju na ulazak Boga Oca, domaćina ovog banketa, pometenih misli, ispravljajući odjeću, i tako dalje. Kako se oglasi truba da oglasi ulazak Oca, svi ljudi u banket sali ustaju da dočekaju svog domaćina. Tada i oni koji nisu pozvani na banket ipak mogu da učestvuju u događaju putem sistema direktnog emitovanja instaliranog u njihovim dotičnim stanovima širom neba.

Otac ulazi u salu na zvuk trube

Na zvuk trube, mnogi arhanđeli koji prate Boga Oca će ući prvi, a onda će slijediti Njegovi voljeni praoci vjere. Sada je svako i sve spremno da primi Boga Oca. Ljudi koji posmatraju ovaj prizor su više nego nestrpljivi da vide Ova i Gospoda, i oni upiru svoje poglede naprijed.

Na kraju, uz sjaj blistavih i veličanstvenih svjetala, Bog Otac ulazi. Njegova pojava je veličanstvena i uzvišena, ali u isto vrijeme tako nježna i sveta. Njegova nježno talasasta kosa zlatno sija, a takoblistava svjetlost izlazi iz Njegovog lica i cijelog tijela da ljudi ne mogu dobro ni da otvore oči.

Kada se Bog Otac popne do prijestolja, nebeska vojska i anđeli, proroci koji su čekali na pozornici, i svi ljudi u banket sali pognu svoje glave da bi Mu iskazali poštovanje. To je tako velika čast vidjeti Boga Oca, Kreatora i Vladara svega, lično kao biće. Koliko je ovo radosno i osjećajno! Međutim, ne mogu ga svi gosti vidjeti. Ljudi iz Raja, Prvog kraljevstva i Drugog kraljevstva ne mogu da podignu svoja lica zbog blistave svjetlosti. Oni samo liju suze radosti i osjećanja u zahvalnosti za činjenicu da bar mogu da budu na ovom banketu.

Gospod predstavlja počasnog gosta

Nakon što Bog Otac sjedne na Njegov prijesto, Gospod ulazi predvođen divnim i elegantnim arhanđelom. On nosi visoku i divnu krunu i blistavi, bijeli i dugačak ogrtač. On izgleda dostojanstveno i pun je veličanstvenosti. Gospod se iz učtivosti prvo klanja Bogu Ocu, prima izraze poštovanja od anđela, proroka i svih drugih ljudi, i uzvraća im osmjeh. Bog Otac, koji sedi na prijestolju, je zadovoljan što vidi sve ljude koji prisustvuju banketu.

Gospod odlazi na podijum i predstavlja počasnog gosta prvog banketa, i do detalja govori sve o njegovom službovanju koje je pomoglo da se završi ljudska kultivacija. Neki od prisutnih na bankeut pitaju se ko je to, a oni koji već znaju o njemu obraćaju pažnju na Gospoda sa velikim iščekivanjem.

Konačno, Gospod završava Svoje komentare objašnjenjem koliko je ovaj čovjek volio Boga Oca, koliko se trudio da spasi mnogo duša, i koliko je potpuno ispunio Božju volju. Onda, Bog Otac preplavljen radošću i ustaje da dočeka počasnog gosta na prvom banketu, kao što otac dočekuje svog sina koji se vraća kući sa velikim uspjehom, kao što kralj prima generala pobjednika. U banket sali, koja je ispunjena iščekivanjem i podrhtavanjem, zvuk trube oglašava se još jednom i onda počasni gost ulazi, sijajući blistavo.

On nosi visoku i veličanstvenu krunu i dugačak bijeli ogrtač kao što ima Gospod. On takođe izgleda dostojanstveno, ali ljudi mogu da osjete njegovu nježnost i milost sa njegovog lica koje liči na Boga Oca.

Kada počasni gost prvog banketa uđe, ljudi ustaju i počinju da kliču podignutih ruku kao da prave talase. Oni se okreću i raduju se grleći jedni druge. Na primjer, na finalnoj utakmici Svjetskog kupa, kada lopta prođe pored golmana što donosi pobjedu, svi ljudi pobjedničke zemlje prisutni samom događaju ili koji gledaju u svojim domovima, raduju se i navijaju, grle jedni druge, razmjenjujući baci-pet, i tako dalje. Slično tome, banket sala u Novom Jerusalimu je prepuna radosnog bodrenja.

2. Proroci u prvo rangiranoj grupi na nebu

Šta, onda, treba tačno da uradimo kako bi bili stanovnici Novog Jerusalima i prisustvovali prvom banketu? Mi ne samo što treba da prihvatimo Isusa Hrista i primimo Svetog Duha kao dar, već takođe trebamo da odgajimo devet plodova Svetog Duha i ličimo na Božje srce koje je tako čisto i divno kao kristal. Na nebu, poredak je dodeljen prema stepenu do koga je pojedinac posvećen da sliči Božjem srcu.

Otuda, čak i na prvom banketu u Novom Jerusalimu, proroci

ulaze u skladu sa njihovim nebeskim rangom kada Bog Otac uđe u salu. Viši proroci ili drugi praoci vjere su u takvom rangu da mogu da stoje bliže Božjem prijestolju. Slično tome, pošto se nebom upravlja po redu zasnovanom na rangiranju, mi znamo da moramo da ličimo na Božje srce da bi bili bliži Njegovom prijestolju.

Sada, dozvolite nam da, kroz život proroka u prvo rangiranoj grupi na nebu, razmotrimo vrstu srca koje je čisto i divno kao kristal, kao što je srce Božje, i kako da potpuno ličimo na njega.

Ilija je bio uzdignut gore bez da je video smrt

Od svih ljudskih bića koja su bila kultivisana na zemlji, najviši po rangu je Ilija. Kroz Bibliju vi možete da vidite da je svaki dio Ilijinog života svjedočio o živom Bogu, jedinom pravom Bogu. On je bio prorok u vrijeme Kralja Ahaba u sjevernom kraljevstvu Izraela, gdje je idolopoklonstvo bujalo. On se sukobio sa 850 proroka koji su obožavali idole i spustio je vatru sa neba. Ilija je takođe doneo jaku kišu poslije tri i po godine suše.

> *Ilija beše čovjek smrtan kao i mi, i pomoli se Bogu da ne bude dažda, i ne udari dažd na zemlju za tri godine i šest meseci. I opet se pomoli i nebo dade dažd, i zemlja iznese rod svoj* (Jakovljeva Poslanica 5:17-18).

Štaviše, kroz Iliju, šaka brašna u ćupu i malo ulja u vrču trajalo je dok se gladovanje nije završilo. On je oživio mrtvog sina udovice i razdvojio je rijeku Jordan. Na kraju, uhvaćen u uraganu, Ilija je otišao na nebo (2. Knjiga Kraljevima 2:11).

Šta je onda bio razlog što je Ilija, koji je bio ljudsko biće kao mi, mogao da izvodi Božja moćna djela i čak izbjegne smrt? Ovo je zato što je ispunio srce čisto i divno kao kristal koje liči na Boga kroz mnogo iskušenja tokom njegovog života. Ilija je potpuno vjerovao u Boga u svim situacijama i uvijek se povinovao Njemu.

Kada mu je Bog zapovijedio, prorok je otišao pred kralja Ahaba koji je pokušao da ga ubije, i proglasio je da je Bog jedini istinski Bog ispred bezbrojnih ljudi. Zato i tako je on dobio Božju moć, manifestvovao Njegova moćna djela da mnogo slavi Boga, i dostigao je da uživa u počastima i slavi zauvijek.

Enoh je hodao sa Bogom 300 godina

Šta je sa slučajem Enoha? Poput Ilije, Enoh je takođe bio uzdignut na nebo bez da je vido smrt. Iako ga Biblija ne spominje toliko mnogo, mi ipak možemo da osjetimo koliko je ličio na Božje srce.

> *A Enoh požive šezdeset pet godina, i rodi Matusala. A rodiv Matusala požive Enoh jednako po volji Božjoj trista godina, rađajući sinove i kćeri. Tako požive Enoh svega trista šezdeset pet godina. I živeći Enoh jednako po volji Božjoj, nestade ga jer ga uze Bog (Postanak 5:21-24).*

Enoh je počeo da hoda sa Bogom u šezdeset petoj godini. On je bio tako mio Božjim očima zato što je ličio na Božje srce. Bog je sa njim duboko komunicirao, hodao je sa njim 300 godina, i odveo ga živog da ga smjesti blizu Samog Boga. Ovde „hodao sa Bogom" znači da je Bog sa tom određenom osobom u svemu, i Bog je tri veka bio sa Enohom gdje god da je on išao.

Ako idete na put, sa kakvom osobom bi željeli da idete? Put će biti ugodan ako idete sa osobom sa kojom možete da podjelite svoje misli. Na isti način, mi shvatamo da je Enoh bio jedan u srcu sa Bogom i tako je mogao da hoda sa Bogom.

Pošto je Bog u biti u svjetlost, dobrota i ljubav, mi ne smijemo da imamo nimalo tame u nama kako bi šetali sa Bogom već treba da imamo preplavljujuću dobrotu i ljubav. Enoh je sam ostao sveti iako je živio u grješnom svijetu, i donosio je Božju volju ljudima (Judina Poslanica 1:14). Biblija ne govori da je on postigao nešto veliko ili izvršio neku posebnu dužnost. Ipak, zato što se Enoh plašio Boga duboko u srcu, izbjegavao zlo i živio posvećeni život da bi mogao da hoda sa Njim, Bog ga je uzeo da ga brže stavi na mjesto blizu Njega.

Zato, Poslanica Jevrejima 11:5, nam govori: „*Vjerom bi Enoh prenesen da ne vidi smrt; i ne nađe se, jer ga Bog premjesti, jer prije nego ga premjesti, dobi svjedočanstvo da ugodi Bogu.*" Isto tako, Enoh koji je posjedovao vjeru da udovolji Bogu, bio je blagosloven da uvijek hoda sa Bogom, bio je uzdignut na nebo bez da je vidio smrt, i postao je drugo rangirana osoba na nebu.

Avram je nazvan prijateljem Božjim

Sada, kakvo je to lijepo srce Avram imao da je nazvan prijateljem Božjim i bio treće rangirani na nebu?

Avram je potpuno vjerovao Bogu i povinovao Mu se potpuno.

Kada je on napuštao svoju rodnu zemlju po Božjoj zapovjesti, on čak nije znao ni odredište već je u pokoravanju napustio svoje rodno mjesto i svoje domaćinstvo. Štaviše, kada mu je bilo zapovjeđeno da da svog sina kao vatrenu žrtvu, koga je on dobio u 100. godini, on se odmah pokorio. On je vjerovao Bogu koji je dobar i svemoguć, i koji je mogao da digne mrtve.

Niti je Avram bio imalo sebičan. Na primjer, kada je imovina njegovog nećaka Lota bila tako velika da nisu mogli da ostanu zajedno, Avram je dozvolio da Lot prvi odluči, govoreći mu: *„Nemoj da se svađamo ja i ti, ni moji pastiri i tvoji pastiri; jer smo braća. Nije li ti otvorena cijela zemlja? Odjeli se od mene; ako ćeš ti na lijevo, ja ću na desno; ako li ćeš ti na desno ja ću na lijevo"* (Postanak 13:8-9).

U jednom slučaju, mnogi kraljevi su se ujedinili i zauzeli su Sodomu i Gomoru i prigrabili svu robu i hranu, i uhvatili Lota koji je živio u Sodomi. Onda je Avram uzeo 318 ljudi rođenih i treniranih u njegovom domaćinstvu, otjerao kraljeve i vratio robu i hranu. Kralj Sodome želio je da da Avramu nešto od povraćene robe kao znak zahvalnosti, ali on je odbio. Avram je to učinio da dokaže da njegovi blagoslovi dolaze samo od Boga. Takođe, Avram se povinovao u vjeri za Božju salvu sa srcem koje je čisto i divno kao kristal. Zbog toga ga je Bog blagoslovio obilno na ovoj zemlji kao i na nebu.

Mojsije, vođa Izlaska

Kakvo srce je imao Mojsije, vođa Izlaska, da je četvrto rangirani na nebu? Brojevi 12:3, nam govore: *„A Mojsije beše čovjek vrlo krotak mimo sve ljude na zemlji."*

U Judinoj Poslanici je scjena u kojoj se arhanđel Mihajlo spori sa đavolom zbog tijela Mojsijevog, i ovo je zato što je Mojsije imao kvalifikacije da bude podignut na nebo bez da vidi smrt. Kada je Mojsije bio princ Egipta, on je jednom ubio Egipćanina koji je tukao Jevrejina. Zbog ovog đavo je osuđivao Mojsija da mora da vidi smrt.

Ipak, arhanđel Mihajlo se posvađao sa đavolom, govoreći da je Mojsije odbacio sve grijehove i zlo i ima kvalifikacije da bude podignut na nebo. U Jevanđelju po Mateju 17 čitamo da su Mojsije i Ilija sišli sa neba da bi razgovarali sa Isusom. Iz ovih činjenica možemo da zaključimo šta se dogodilo sa Mojsijevim tijelom.

Mojsije je morao da pobjegne iz faraonske palate zbog ubistva koje je počinio. Onda je gajio ovce u pustinji četrdeset godina. Kroz iskušenje u pustinji, Mojsije je uništio sav svoj ponos, želje, i svoju sopstvenu pravednost koju je imao kao princ u Faraonovoj palati. Samo poslije toga mu je Bog dao zadatak da izvede Izraelace iz Egipta.

Sada Mojsije, koji je jednom ubio osobu i pobjegao, morao je da se ponovo vrati kod faraona i izvede iz Egipta Izraelce koji su bili robovi 400 godina. Ovo je igledalo nemoguće po ljudskim mjerilima, ali Mojsije se povinovao Bogu i izašao pred faraona. Nije mogao svako da bude vođa da izvede milione Izraelaca iz Egipta i vodi ih u zemlju Hanan. Zbog toga je Bog prvo oplemenio Mojsija u pustinji tokom četrdeset godina i napravio ga velikim tijelom koje je moglo da zagrli i podnese sve Izraelce. Na ovaj način, Mojsije je postao osoba koja je mogla da se povinuje sve do same smrti kroz iskušenja i mogao je da obavi dužnost vođenja Izlaska. Mi iz Biblije možemo lako da vidimo koliko je veliki bio Mojsije.

> *I vrati se Mojsije ka GOSPODU, i reče: „Molim Ti se; narod ovaj ljuto sagriješi načinivši sebi bogove od zlata. Ali oprosti im grijeh: Ako li nećeš, izbriši me iz knjige Svoje, koju si Ti napisao!"* (Izlazak 32:31-32)

Mojsije je dobro znao da izbrisati njegovo ime iz knjige GOSPODOVE nije samo značilo fizičku smrt. Znajući dobro da će oni čija imena nisu zapisana u Knjizi života biti bačeni u vatru pakla, vječnu smrt i da će patiti zauvijek, Mojsije je bio voljan da uzme vječnu smrt za oproštaj ljudskih grijehova.

Šta je Bog mogao da osjeti gledajući ovakvog Mojsija? Bog je bio veoma zadovoljan njime zato što je u potpunosti shvatio Božje srce koje mrzi grijeh a ipak želi da spasi griješnike; Bog je odgovorio njegovoj molitvi. Bog je smatrao samog Mojsija važnijim od svih Izraelaca zato što je on imao srce koje je bilo ispravno u Božjim očima i bilo je čisto kao voda života koja izvire iz Njegovog prijestolja.

Da postoji dijamant veličine pasulja bez ijedne mane ili mrlje, i stotine dijamanata veličine pesnice, koji biste smatrali vrijednijim? Niko ne bi mijenjao komad dijamanta za obično kamenje.

Zato, shvatajući činjenicu da je vrijednosti samog Mojsija, koji je ispunio Božje srce u sebi, bila daleko veća od svih ljudi Izraela zajedno, mi treba da ispunimo srca koja su čista i divna kao kristal.

Pavle, apostol neznabožaca

Peti po nebeskom rangu je apostol Pavle koji je svoj život posvijetio evangelizaciji neznabožaca. Iako je bio odan kraljevstvu Božjem sve do same smrti sa vrlo mnogo strasti, u jednom uglu svog uma on je uvijek osjećao žalost da je jednom progonio vjernike Isusa Hrista prije nego što je prihvatio Gospoda. Zbog toga je priznao u 1. Poslanici Korinćanima 15:9: *„Jer ja sam najmlađi među apostolima, koji nisam dostojan nazvati se apostol, jer gonih crkvu Božiju."*

Međutim, pošto je bio tako dobar sluga, Bog je njega izabrao, pročistio ga, i iskoristio ga kao apostola za neznabošce. Od 2. Poslanice Korinćanima pa dalje, opisuje do detalja mnoge teškoće koje je on propatio dok je propovijedao jevanđelje, i možemo da vidimo da je on toliko mnogo patio da je gubio nadu čak i u život. On je bio šiban i zatvaran mnogo puta. Pet puta je dobio od Jevreja četrdeset udarca šibom, manje jedan; tri puta je bio pretučen štapom; jednom je bio kamenovan; tri puta je doživeo brodolom; proveo je dan i noć na otvorenom moru; često je ostajao bez sna; on je znao za glad i žeđ i često je išao bez hrane; bilo mu je hladno i bio je nag (2. Poslanica Korinćanima 11:23-27).

Pavle je patio toliko mnogo da je priznao u 1. Poslanici Korinćanima 4:9: *„Jer mislim da Bog nas apostole najstražnje postavi, kao one koji su na smrt osuđeni; jer bismo gledanje i svijetu, i anđelima i ljudima."*

Zašto je, onda, Bog dozvolio toliko mnogo teškoća i proganjanja Pavlu koji je bio odan sve do same smrti? Bog je mogao da zaštiti Pavla od teškoća, ali On je želio da kroz ove teškoće Pavle dobije srce čisto i divno kao kristal. Poslije svega, apostol Pavle je mogao ponovo da dobije utjehu i raduje se samo u Bogu, porekne potpuno sebe, i da ima savršen oblik Hrista. Sada je mogao da prizna u 2. Poslanici Korinćanima 11:28: *„Osim što je spolja, navaljivanje ljudi svaki dan, i briga za sve crkve.“*

On je takođe priznao u Poslanici Rimljanima 9:3: *„Jer bih želio da ja sam budem odlučen od Hrista za braću svoju koja su mi rod po tijelu.“* Pavle, koji je imao ovakvo srce čisto i divno kao kristal, ne samo da je mogao da uđe u Novi Jerusalim već i da boravi blizu Božjeg prijestolja.

3. Lijepa žena u Božjim očima

Mi smo već razmotrili prvi banket Novog Jerusalima. Kada Bog Otac uđe u salu, iza Njega je jedna žena. Ona je u pratnji Boga Oca u bijeloj haljini koja skoro da dodiruje pod i ukrašena je mnogim vrstama dragog kamenja. Ta žena je Marija Magdalena. Imajući u vidu okolnosti u to vrijeme u kojima su javne uloge žena bile ograničene, ona nije mogla mnogo da uradi da ispuni Božje kraljevstvo, ali pošto je ona bila tako lijepa žena u Božjim očima, ona je mogla da uđe u najcjenjenije mjesto na nebu.

Baš kao što ima rangova između proroka u skladu sa tim koliko liče na Božje srce, žene na nebu, takođe, imaju red u kome su svrstavane u skladu sa stepenom do koga ih Bog priznaje i voli.

Onda, kakav način života su te žene vodile da ih Bog prizna i voli, i da postanu počasni ljudi na nebu?

Marija Magdalena je prva srela uskrslog Gospoda

Žena koju Bog najviše voli je Marija Magdalena. Dugo vremena, ona je bila okovana moćima tame i od drugih je dobijala samo prezir i osudu, i patila je od raznih bolesti. U jednom od onih teških dana, ona je čula novosti o Isusu, spremila je skupi parfem i otišla je pred Njega. Ona je čula da je Isus došao u kuću jednog od Fariseja i otišla je tamo, ali nije mogla da se usudi da stane pred Njega, iako je žarko žudila da Ga vidi. Ona je išla za Njim, kvasila Mu noge svojim suzama, brisala ih svojom kosom, i slomila je bokal i parfem prosula po Njemu. Kroz ovaj čin vjere je bila oslobođena bolova od bolesti, i bila je veoma zahvalna. Od tada pa nadalje, ona je voljela Isusa toliko mnogo i pratila Ga gdje god da je On otišao, i postala je tako lijepa žena koja je posvjetila cio svoj život Njemu (Jevanđelje po Luki 8:1-3).

Ona je pratila Isusa čak i kada je bio razapet i izdahnuo Svoj poslednji dah, iako je znala da samo njeno prisustvo može ugroziti njen život. Marija je otišla iznad nivoa da samo uzvraća milost koju je dobila, već je pratila Isusa, i žrtvovala je sve uključujući i svoj život.

Marija Magdalena, koja je voljela Isusa toliko mnogo, postala je prva osoba koja je srela Gospoda poslije Njegovog uskrsnuća. Ona je postala najveća žena u istoriji čovječanstva zato što je imala tako dobro srce i divna djela koja su dirnula čak i Boga.

Devica Marija je bila blagoslovena da začne Isusa

Druga među najljepšim ženama po Božjem viđenju je Devica

Marija, koja je bila blagoslovena da začne Isusa, koji je postao Spasitelj cijelog čovječanstva. Pre oko 2000 godina, Isus je morao da dođe u tijelu da iskupi sve ljude od njihovih grijehova. Kako bi se ovo ispunilo, bila je potrebna odgovarajuća žena po Božjim mjerilima i Marija, koja je u to vrijeme bila vjerena za Josifa, je bila izabrana. Bog ju je unapred obavijestio kroz arhangela Gavrila da će ona začeti Isusa pomoću Svetog Duha. Bez ikakve ljudske misli u sebi Marija je smjelo ispovjedila svoju vjeru: *„Evo sluškinje Gospodnje; neka mi bude po riječi tvojoj"* (Jevanđelje po Luki 1:26-38).

U to vrijeme ako devica ostane trudna, ona ne samo da je morala biti javno osramoćena već je bila i kamenovana do smrti po Mojsijevom zakonu. Međutim, ona je duboko u svom srcu vjerovala da ništa nije nemoguće sa Bogom i tražila je da to bude učinjeno kao što je rečeno. Ona je imala dovoljno dobro srce da se povinuje Božjoj Riječi čak iako je to moglo da je košta života. Koliko srećna i zahvalna bi ona mogla da bude prvo kada je začela Isusa ili kada Ga je gledala da raste u moći Božjoj. To je bio takav blagoslov koji se dogodio Mariji, običnom biću.

Zbog toga je ona bila tako srećna što je samo gledala Isusa, i ona je služila i voljela Njega više od svog života. Na ovaj način, Devica Mariju je obilno blagoslovio Bog i primila je vječnu slavu odmah uz Mariju Magdalenu među svim ženama na nebu.

Jestira se nije ničega plašila za Božju volju

Jestira, koja je sa vjerom i ljubavlju hrabro spasila svoj narod, postala je lijepa žena u Božjim očima i dostigla najpoštovanije mjesto na nebu.

Pošto je persijski kralj Kserks oduzeo kraljevski položaj kraljici Vašiti, Jestira je bila izabrana među mnogim lijepim ženama i postala je kraljica mada je bila Jevrejka. Kralj i mnogi ljudi su je voljeli zato što niti je pokušavala da se pokaže niti je bila ponosna, već se ukrašavala čistotom i elegancijom mada je već bila veoma lijepa.

U međuvremenu, dok je imala kraljevsku poziciju, Jevreji su se suočili sa velikom krizom. Haman Agag, koji je bio kraljev miljenik, se razljutio kada Jevrejin po imenu Mardohej nije kleknuo pred njim i odao mu počast i poštovanje. Zato je on napravio zavejru da uništi sve Jevreje u Persiji i dobio je dozvolu od kralja da tako učini.

Jestira je postila tri dana za svoj narod i odlučila je da ode pred kralja (Jestira 4:16). U skladu sa tadašnjim persijskim zakonom, ako neko ode pred kralja bez da ga je on pozvao, on ili ona moraju biti ubijeni, osim kada kralj ispruži svoje zlatno žezlo ka toj osobi. Nakon njenog trodnevnog posta, Jestira se pouzdala u Boga i otišla je pred kralja sa odlukom: *„Ako stradam, neka stradam.“* Kao ishod Božjeg posredovanja, Haman, koji je kovao zavjeru, je i sam ubijen. Jestira ne samo da je spasila svoj narod već ju je kralj više volio.

Takođe, Jestira je bila priznata kao lijepa žena i dostigla je uzvišenu poziciju na nebu zato što je bila jaka u istini i imala je hrabrosti da se odrekne svog života ako je to bilo po volji Božjoj.

Rut je imala divno i dobro srce

Sada, hajde da se udubimo u Rutin život, koja je u Božjim očima takođe bila priznata kao divna žena i postala je jedna od najvećih žena na nebu. Kakvo srce i djela je ona imala da udovolji Bogu i da bude blagoslovena?

Rut Moabita se udala za jednog Izraelca čija se porodica doselila u Moab zbog gladi, ali ubrzo je izgubila muža. Svi muškarci u njenoj porodici su rano umrli, tako da je ona živjela sa svekrvom Naomijom i jetrvom Orfom. Naomija, zabrinuta za njihovu budućnost, predložila je njenim dvema snajama da se vrate u svoje porodice. Orfa je napustila Naomiju u suzama ali Rut je ostala, dajući sljedeću emocionalnu izjavu:

Ne naređuj mi da te ostavim i odvratim se u tvom praćenju; gdje god da ideš, ja ću ići, i gdje se ti nastaniš i ja ću se nastaniti. Tvoj narod treba da bude moj narod, i tvoj Bog, moj Bog. Gdje ti umreš, ja ću umrijeti, i tamo ću biti sahranjena. Ipak možda će mi GOSPOD učiniti, i gore, ako nešto osim smrti rastavi tebe i mene.

Pošto je Rut imala ovakvo predivno srce, ona nikada nije mislila o svojoj dobrobiti već je samo pratila dobrotu čak iako je to moglo da je ugrozi, i izvršavala je svoju dužnost da odano služi svoju svekrvu sa radošću.

Rutino djelo služenja svekrve je bilo tako divno da je cijelo selo znalo za Rutinu odanost i voljeli su je. Napokon, uz pomoć svekrve, ona se udala za čovjeka po imenu Boaz, rođak-iskupitelj. Ona je rodila sina i postala pra-prabaka kralju Davidu (Rut 4:13-17). Štaviše, Rut je bila blagoslovena da bude u Isusovom rodoslovu, mada je bila žena neznabožac (Jevanđelje po Mateju 1:5-6), i postala je jedna od najljepših žena na nebu, odmah iza

Jestire.

4. Marija Magdalena boravi blizu Božjeg prijestolja

Šta je, onda razlog da nam je Bog dozvolio da znamo o prvom banketu u Novom Jerusalimu i o poretku proroka i žena? Bog ljubavi ne želi samo da svi ljudi dobiju spasenje i dostignu kraljevstvo na nebu, već i da liče na Njegovo srce kako bi mogli da budu bliži Njegovom prijestolju u Novom Jerusalimu.

Kako bi dobili čast da boravimo blizu Božjeg prijestolja u Novom Jerusalimu, naša srca moraju da liče na Njegovo srce koje je čisto i divno kao kristal. Mi moramo da ispunimo predivno srce kao dvanaest kamenova temeljaca zidova grada Novog Jerusalima.

Zato, od sada pa na dalje, mi ćemo se udubiti u život Marije Magdalene, koja je služila Bogu Ocu boraveći blizu Njegovog prijestolja. Dok sam se molio za „Predavanja o jevanđelju po Jovanu" došao sam do detaljnog saznanja o životu Marije Magdalene kroz inspiraciju Svetog Duha. Bog mi je otkrio u kakvoj je porodici Marija Magdalena rođena, kako je živjela, i u koliko srećnom životu je mogla da uživa nakon što je srela Isusa našeg Spasitelja. Ja se nadam da ćete vi da slijedite njeno divno i dobro srce koje u svemu krivicu preuzima na sebe, i njenu nesebičnu ljubav za Gospoda, kako bi i vi mogli da imate čast da boravite blizu Božjeg prijestolja.

Ona je rođena u porodici koja je obožavala idole

Ona je dobila ime „Marija Magdalena" zato što je rođena u selu zvanom „Magdalena" koje je bilo puno obožavanja idola. Njena porodica nije bila izuzetak; kletva je bačena na njenu porodicu za mnogo generacija zbog ozbiljnog obožavanja idola i bilo je mnogo problema.

Marija Magdalena, koja je rođena u najgoroj duhovnoj situaciji, nije mogla da jede kako treba zbog gastroenteričkog poremećaja. Takođe, zato što je bila fizički slaba većinom vremena, njeno tijelo je bilo sklono skoro svim vrstama bolesti. Štaviše, čak i njen mjesečni ciklus je prestao u ranim godinama i ona je tako izgubila tu važnu ulogu žene. Zbog toga je ona uglavnom ostajala kod kuće i unizila je sebe kao da nije bila prisutna. Međutim, iako su je čak i članovi njene porodice omalovažavali i ophodili se prema njoj hladno, ona se nikada na njih nije žalila. Umjesto toga, ona ih je razumijela i pokušala je da im bude izvor snage preuzimajući sav sram na sebe. Kada je shvatila da ne može da da snagu članovima svoje porodice već će im ostati teret, ona je napustila porodicu. Ovo nije bilo iz mržnje ili gađenja zbog maltretiranja već samo zato što ona nije htjela da im bude teret.

Dajući sve od sebe, preuzela je svu krivicu na sebe

U međuvremenu, ona je srela čovjeka i pokušala je da se osloni na njega, ali on je bio čovjek zlog srca. On nije pokušao da podrži porodicu već se umjesto toga kockao. On je tražio da mu Marija Magdalena donese još više novca, često je vikao na nju i tukao je.

Marija Magdalena počela je da šije dok je tražila stabilniji izvor prihoda. Ipak, zato što je prirodno bila slaba i radila je po cio dan, ona je postala još slabija pa je morala da se oslanja na nekoga drugog čak i da se kreće. Međutim, čak iako je ona izdržavala tog čovjeka, on joj nije čak ni bio zahvalan već je samo zanemarivao i ponižavao. Marija Magdalena ga nije mrzela već joj je umjesto toga bilo žao što nije mogla da bude od veće pomoći tom čovjeku zbog njenog slabog tijela, i smatrala je sva njegova maltretiranja opravdanim.

Dok je bila u tako očajnoj situaciji, zaboravljena od roditelja, braće i čovjeka, ona je čula veoma dobre vijesti. Čula je vijesti o Isusu koji je izvodio divna čudesa kao što su da slijepi progledaju i nijemi da progovore. Kada je Marija Magdalena čula o svim ovim stvarima, ona nije ni malo sumnjala u znakove i čuda koje je izvodio Isus zato što je njeno srce bilo tako dobro. Umjesto toga, ona je imala vjeru da će njena slabost i bolesti odmah biti izlječene kada jednom sretne Isusa.

Ona je žudela u vjeri da sretne Isusa. Konačno je čula da je Isus došao u njeno selo i da je odsjeo u kući Fariseja po imenu Simon.

Prolila je miris sa vjerom

Marija Magdalena je bila tako srećna da je kupila parfem novcem koji je uštedila od šivenja. Šta je prolazilo kroz njena osjećanja dok nije srela Isusa ne može se adekvatno opisati.

Ljudi su pokušali da je spriječe da priđe Isusu zbog njene bedne odeće, ali niko zaista nije mogao da zaustavi njenu strast.

Bez obzira na oštre ljudske poglede, Marija Magdalena je stala ispred Isusa i prolila je svoje beskrajne suze kako je vidjela Njegovu plemenitu figuru.

Ona nije mogla da se usudi da stane ispred Isusa, tako da je otišla iza Njega. Kada je bila kod Njegovih stopala, ona je prolila čak još više suza i natopila Njegova stopala. Ona je obrisala Njegova stopala njenom kosom i slomila je boca parfema da ga prolije po njima, zato što je za nju On bio veoma dragocijen.

Pošto je Marija Magdalena došla pred Isusa sa toliko mnogo iskrenosti, njoj ne samo da su bili oprošteni grijesi da bi dostigla spasenje već se desilo i čudesno djelo izlječenja pa su izlječene sve njene unutrašne bolesti kao i njena kožna bolest. Svi dijelovi njenog tijela počeli su da normalno funkcionišu ponovo, i ponovo je dobila mjesečni ciklus. Njeno lice koje je izgledalo tako grozno zbog mnogih bolesti bilo je ispunjeno radošću i srećom, a njeno tijelo koje je bilo veoma slabo postalo je zdravo. Ona je pronašla vrijednost žene ponovo, i više nije bila vezana za moć tame.

Prateći Isusa sve do kraja

Marija Magdalena je iskusila nešto za šta je bila još zahvalnija nego na izlječenju. To je bila činjenica da je srela osobu koja joj je dala obilnu ljubav koju nikada ni od koga nije ranije dobila. Od ovog vremena pa nadalje, ona je posvijetila sve svoje vrijeme i strast Isusu sa tako mnogo radosti i zahvalnosti. Pošto se njeno zdravlje povratilo, ona je mogla da finansijski podrži Isusa šivenjem ili drugim radovima, i mogla je da Ga prati svim svojim srcem.

Marija Magdalena nije samo pratila Isusa kad je izvodio

znakove i čuda i menjao živote mnogima sa moćnim porukama, već je bila sa Njim i kada su Ga rimski vojnici kaznili i kad je uzeo krst. Čak i kada je Isus bio obješen na krstu, ona je bila tamo. Uprkos činjenici da je samo njeno prisustvo moglo da ugrozi njen život, Marija Magdalena se popela na Golgotu prateći Isusa koji je nosio krst.

Šta je mogla da osjeća dok je Isus, koga je ona iskreno voljela, trpeo tako mnogo bola i prolio svu njegovu vodu i krv?

Gospode, šta da uradim,
šta da uradim?
Gospode, kako mogu da živim?
Kako mogu da živim bez Tebe, Gospode?

…

Kada bih samo mogla da uzmem krv
Tvoju prolivenu,
Kada bih samo mogla da uzmem bol
od koje Ti patiš

…

Gospode,
ja ne mogu da živim bez Tebe.
Ja ne mogu da živim
ukoliko nisam sa Tobom.

Marija Magdalena nije odvratila svoje oči od Isusa sve dok

On nije izdahnuo Svoj poslednji dah, i pokušala je da ureže sjaj Njegovog oka i Njegovo lice duboko u svom srcu. Štaviše, ona je gledala Isusa sve do Njegovog poslednjeg momenta i pratila je Josifa iz Arimatea, koji je stavio Isusovo tijelo u grobnicu.

Svjedočenje Gospodovom uskrsnuću u zoru

Marija Magdalena je sačekala da prođe Sabat, i u zoru prvog dana posle Sabata, ona je otišla do grobnice da stavi parfem na tijelo Isusa. Međutim, ona nije mogla da nađe Njegovo tijelo. Ona je bila duboko rastužena i plakala je tamo, a uskrsli Isus joj se pojavio. Tako je ona imala čast da sretne uskrslog Isusa pre svih drugih.

Čak i pošto je Isus umro na krstu, ona nije mogla da vjeruje u ovu činjenicu. Isus je bio njeno sve i ona je Njega veoma mnogo voljela. Koliko srećna je ona mogla da bude kada je srela uskrslog Isusa u tako strašnoj situaciji! Ona nije mogla da zaustavi suze usled jakih emocija. Najpre nije prepoznala Gospoda, ali kada ju je On nežnim glasom pozvao: „Marija", ona je mogla da Ga prepozna. U Jevanđelju po Jovanu 20:17 uskrsnuli Gospod joj govori: *„Ne dohvataj se do mene, jer se još ne vratih k Ocu svom; nego idi k braći mojoj, i kaži im: 'Vraćam se k Ocu svom i Ocu vašem, i Bogu svom i Bogu vašem.'"* Zato što je Gospod takođe volio Mariju Magdalenu veoma mnogo, On joj Se pokazao prije nego što je sreo Oca nakon vaskrsenja.

Prenjela je vijesti o Isusovom vaskrsenju

Možete li da zamislite koliko mora da je Marija Magdalena

nekontrolisano bila srećna kada je vidjela vaskrslog Isusa koga je voljela veoma mnogo? Ona je priznala da je željela da ostane zauvijek sa Gospodom. Gospod je znao njeno srce, ali joj je objasnio da trenutno ne može da ostane sa Njim i dao joj je misiju. Ona je trebala da prenese vijest o Njegovom vaskrsenju učenicima zato što je trebalo da srede misli i da se utješe posle šoka zbog Isusovog raspeća.

U Jevanđelju po Jovanu 20:18 vidimo da: „*A Marija Magdalina otide, i javi učenicima: 'Ja sam vidjela Gospoda,' i tada Gospod joj kaza ovo.*" Činjenica da je Marija Magdalena bila svjedok vaskrsenju Gospodovom prije svih drugih i da je prenjela vijesti učenicima nije bila slučajnost. To je bio ishod sve njene požrtvovanosti i služenju Gospodu sa njenom strastvenom ljubavlju prema Njemu.

Da je Pilat pitao nekoga ko bi hteo da bude razapet radi Isusa, ona bi prva rekla: „Da" i istupila; Marija Magdalena je voljela Isusa više i od svog sopstvenog života i služila Mu je sa potpunim požtrvovanjem.

Čast u služenju Bogu Ocu

Bog je bio zadovoljan Marijom Magdalenom, koja je bila tako dobra u srcu bez imalo zla, i imala je potpunu duhovnu ljubav. Marija Magdalena je voljela Isusa sa nepromjenljivom i iskrenom ljubavlju od kako Ga je srela. Bog Otac, koji je primio njeno dobro i divno srce, želio je da je smjesti blizu Njega i miriše dobar i blag miris njenog srca. Zbog toga je, kada je vrijeme došlo, On dozvolio Mariji Magdaleni da dostigne slavu u službi Njemu, čak i da dodirne Njegov prijesto.

Ono što Bog Otac najviše želi je da dobije iskrenu djecu sa kojima On može podjeliti Svoju ljubav zauvijek. Zbog toga je On planirao ljudsku kultivaciju, stvorio je Sebe u Trojstvo, i čekao je izdržavao veoma dugo, dugo vremena sa ljudskim bićima na ovoj zemlji.

Sada, kada su staništa na nebu pripremljena, Gospod će se pojaviti u vazduhu, i održaće svadbeni banket sa Svojim nevjestama. Onda, On će im dopustiti da sa Njim vladaju hiljadu godina i odvešće ih na nebeska boravišna mjesta. Mi ćemo živjeti sa Trojedinim Bogom u najvećoj sreći i radosti zauvijek na nebu koje je jasno,čisto i divno kao kristal, ispunjeni Božjom slavom. Koliko će srećni biti oni koji uđu u Novi Jerusalim pošto mogu sresti Boga licem u lice i ostati sa Njim zauvijek!

Pre dvije hiljade godina, Isus je pitao: *„Ali Sin čovječiji kad dođe hoće li naći vjeru na zemlji?"* (Jevanđelje po Luki 18:8) Veoma je teško naći pravu vjeru danas.

Apostol Pavle koji je vodio misiju u propovjedanju Jevanđelja nejevrejima, malo prije svoje smrti je napisao pismo Timotiju, svom duhovnom sinu, koji je sam patio od jeretičkih podjela i proganjanja hrišćana.

Zaklinjem te, dakle, pred Bogom i Gospodom našim Isusom Hristom, koji će suditi živima i mrtvima, dolaskom Njegovim i carstvom Njegovim: propovjedaj riječ, nastoj u dobro vrijeme i u nevrijeme, pokaraj, zaprijeti, umoli sa svakim snošenjem i učenjem. Jer će doći vrijeme kad zdrave nauke neće slušati, nego će po svojim željama nakupiti sebi učitelje, kao što ih uši svrbe, i odvratiće uši od istine, i okrenuće se ka gatalicama. A ti budi trijezan u svačemu, trpi zlo, učini delo jevanđelista, službu svoju svrši. Jer ja se već žrtvujem, i vrijeme mog odlaska nasta. Dobar rat ratovah, trku svrših, vjeru održah; dalje, dakle, meni je pripravljen vijenac pravde, koji će mi dati Gospod u dan onaj, pravedni sudija; ali ne samo meni, nego svima koji se raduju Njegovom dolasku (2. Timotejeva Poslanica 4:1-8).

Ako se nadate za nebo i žudite za Gospodovim pojavljivanjem, vi treba da pokušate da živite po Božjoj Riječi i vodite dobru borbu. Apostol Pavle se uvijek radovao iako je patio mnogo dok je širio dobre vijesti.

Zato moramo da pročistimo naša srca i izvršimo naše dužnosti više nego što se očekuje od nas da udovoljimo Bogu kako bi mogli da dijelimo iskrenu ljubav zauvijek ostajući blizu Božjeg prestola.

Moj Gospode,
koji dolaziš
na oblacima slave,
ja žudim za danom
kada ćeš zagrliti mene!
Sa Tvojim veličanstvenim prijestolom
mi ćemo zauvijek djeliti ljubav
koju nismo mogli da djelimo na zemlji
i sjećati se zajedno prošlosti.

Oh! ja ću otići u nebesko kraljevstvo
sa igrom
kada me Gospod pozove!
Oh, nebesko kraljevstvo!

Autor:
Dr. Džerok Li

Dr. Džerok Li je rođen u Muanu, Džeonam provinciji, Republika Koreja, 1943. god. U svojim dvadesetim, Dr. Li je sedam godina patio od mnoštva neizlečivih bolesti i iščekivao smrt bez nade za oporavak. Jednog dana u proljeće 1974. god, njegova sestra ga je odvela u crkvu i kad je kleknuo da se pomoli, Živi Bog ga je momentalno izliječio od svih bolesti.

Od trenutka kad je Dr. Li sreo živog Boga kroz to divno iskustvo, on je zavolio Boga svim svojim srcem i iskrenošću, a u 1978. god., je pozvan da bude sluga Božji. Molio se revnosno uz nebrojene molitve u postu kako bi mogao jasno da razumije volju Božju, u potpunosti je ispuni i posluša Riječ Božju. Godine1982. je osnovao Manmin centralnu crkvu u Seulu, Koreja i bezbrojna djela Božja uključujući čudesna iscijeljenja, znaci i čuda se dešavaju u njegovoj crkvi.

U 1986. god. Dr. Li je zareden za pastora na godišnjem Zasjedanju Isusove Sungkjul crkve Koreje, i četiri godine kasnije u 1990.god. njegove propovijedi su počele da se emituju u Australiji, Rusiji, na Filipinima. U kratkom vremenskom periodu i mnogim drugim zemljama je bio dostupan preko Radio difuzne kompanije Daleki Istok, Azija radio difuzne kompanije i Vašingtonskog hrišćanskog radio sistema.

Tri godine kasnije, 1993.god., Manmin centralna crkva je izabrana za jednu od „Svjetskih top 50 crkava" od strane magazina Hrišćanski svijet (Christian World) (SAD), a on je primio počasni doktorat bogoslovlja od Koledža hrišćanske vjere, Florida, SAD i 1996.god. iz Službe od Kingsvej teološke bogoslovije, Ajova, SAD.

Od 1993.god., dr. Li prednjači u svjetskoj evangelizaciji kroz mnogo inostranih pohoda u Tanzaniji, Argentini, Los Anđelesu, Baltimoru, Havajima i Nju Jorku u Sjedinjenim Američkim Državama, Ugandi, Japanu, Pakistanu, Keniji, Filipinima, Hondurasu, Indiji, Rusiji, Njemačkoj, Peruu, Demokratskoj Republici Kongo, Izraelu i Estoniji.

U 2002-oj godini bio je priznat od strane glavnih hrišćanskih novina kao „svijetski obnovitelj" zbog svojih moćnih službovanja u mnogim prekomorskim pohodima. Naročito njegov „Pohod u Njujork 2006. god.“ održan u Medison skver gardenu (Madison Square Garden), najpoznatijoj areni na svijetu. Događaj je emitovan za 220 nacije a na njegovom „Ujedinjenom pohodu u Izrael 2009. god.“ održanom i Međunarodnom konvencionalnom centru (International Convention Center (ICC)) u Jerusalimu on je hrabro izjavio da je Isus Mesija i Spasitelj.

Njegove propovijedi emitovane su za 176 nacija putem satelita uključujući GCN TV i bio je svrstan kao jedan od „Top 10 najuticajnijih hrišćanskih voda“ 2009-e i 2010-e godine od strane popularnog Ruskog hrišćanskog časopisa U pobjedu (In Victory) i novinske agencije Hrišćanski telegraf (Christian Telegraph) za njegovu moćnu svješteničku službu TV emitovanja i njegove inostrane crkveno pastorske službe.

Od maj 2017.god., Manmin Centralna Crkva ima zajednicu od preko 120.000 članova. Postoji 11 000 ogranaka crkve širom planete uključujući 56 domaćih ogranaka crkve i do sad više od 102 misionara su opunomoćena u 23 zemlje, uključujući Sjedinjene Države, Rusiju, Njemačku, Kanadu, Japan, Kinu, Francusku, Indiju, Keniju i mnoge druge.

Do datuma ovog izdanja Dr. Li je napisao 108 knjige, uključujući bestselere: *Probanje vječnog života prije smrti, Moj Život, Moja Vjera I i II, Poruka sa Krsta, Mjera Vjere, Raj I& II, Pakao,* i *Moć Božja.* Njegove knjige su prevedene na više od 76 jezika.

Njegove Hrišćanski rubrike se pojavljuju u *Hankok Ilbo, JongAng dnevniku, Dong-A Ilbo, Seul Šinmunu, Kjunghjang Šinmun, Korejski ekonomski dnevnik, Koreja glasnik, Šisa vijesti,* i *Hrišćanskoj štampi.*

Dr. Li je trenutno na čelu mnogih misionarskih organizacija i udruženja U tu poziciju spadaju: Predsjedavajući, Ujedinjene svete crkve Isusa Hrista; stalni predsjednik, Udruženje svijetske hrišćanske preporodne službe; osnivač i predsjednik odbora, Globalna hrišćanska mreža (GCN); osnivač i član odbora, Mreža svjetskih hrišćanskih lekara (WCDN); i osnivač i član odbora, Manmin internacionalna bogoslovija (MIS).

Raj I

Detaljna skica predivne životne okoline u kojoj nebeski stanovnici uživaju i prelijepi opisi različitih nivoa nebeskih kraljevstva.

Poruka sa Krsta

Moćna probuđujuća poruka za sve ljude koji su duhovno uspavani! U ovoj knjizi naći ćete razlog da je Isus jedini Spasitelj i iskrenu ljubav Božju.

Pakao

Iskrena poruka cijelom čovječanstvu od Boga, koji želi da čak ni jedna duša ne padne u dubine Pakla! Otkrićete nikad do sad otkriveni iskaz o okrutnoj stvarnosti Nižeg Hada i Pakla.

Duh, Duša i Tijelo I & II

Vodič koji nam daje duhovno objašnjenje duha, duše i tijela i pomaže nam da pronađemo kakvog „sebe" smo mi načinili da bi mogli da dobijemo moć da pobjedimo mrak i postanemo duhovna osoba.

Mjera Vjere

Kakvo mjesto stanovanja, kruna i nagrade su spremne za vas u raju? Ova knjiga obezbjeđuje mudrost i smjernice za vas da izmjerite vašu vjeru i gajite najbolju i najzreliju vjeru.

Probuđeni Izrael

Zašto Bog upire Svoje oči na Izrael od početka svijeta pa do današnjeg dana? Kakvo Njegovo proviđenje je spremljeno za Izrael u poslednjim danima, koji očekuje Mesiju?

Moj život, Moja Vjera I & II

Najmirisnija duhovna aroma izvučena iz života koji je cvjetao sa neuporedivom ljubavlju za Boga, u sred crnih talasa, hladnih okova i najdubljeg očaja

Moć Božja

Obavezno-pročitati, koja služi kao suštinski vodič po kojem čovjek može posjedovati pravu vjeru i iskusiti čudesnu moć Božju.

www.ingramcontent.com/pod-product-compliance
Lightning Source LLC
Chambersburg PA
CBHW021350150726
47989CB00005B/2181